TOUS VENTRILOQUES

OU
LA VENTRILOQUIE
A LA PORTÉE DE TOUS

Collection A.-L. Guyot

20, Rue des Petits-Champs, PARIS

1912

TOUS VENTRILOQUES

ou

LA VENTRILOQUIE

A LA PORTÉE DE TOUS

Harry LANÇON

TOUS VENTRILOQUES

ou
LA VENTRILOQUIE
A LA PORTÉE DE TOUS

PARIS

Collection A.-L. GUYOT

20, rue des Petits-Champs, 20

PRÉFACE

La ventriloquie, qui excite tant la curiosité humaine, n'est pas ce que les anciens en ont dit, un don ; c'est moins que cela, ou, si vous le préférez, c'est plus : c'est un art.

Une partie du genre humain est faite pour amuser l'autre, dit-on. Les amusements ne manquent pas, certes, mais presque tous sont sans intérêt. Il y avait donc une lacune à combler, et une distraction à la fois intéressante et agréable à trouver.

Or, c'est pour combler cette lacune que nous avons écrit ce traité, et pour combattre en même temps certains préjugés qui s'élèvent contre cet art. Un ventriloque passe souvent pour un être surnaturel ou exceptionnellement doué, doué de la faculté de faire parler son ventre.

Pourrait-on trouver, même chez Barnum,

un être humain capable d'une telle anomalie ? Le ventre peut posséder bien des talents, on a vu et l'on voit encore des mangeurs de feu, de verre, de cailloux, etc.; mais nous ne croyons pas qu'il existe un homme capable d'articuler la moindre parole avec son ventre que la nature n'a pas chargé de cette fonction.

Le temps viendra peut-être où, à l'aide de la partie inférieure de notre œsophage, nous pourrons parler ou chanter; pour le moment nous devons nous contenter de notre palais et de notre larynx pour émettre des sons articulés.

Mais alors, direz-vous, la ventriloquie n'existe pas ? En effet, et c'est pour cette raison que beaucoup d'adeptes de cet art ont remplacé ce mot par celui de « laryngiloquie », beaucoup plus juste, et qui, peu à peu, sera compris et adopté de tous.

Parmi nos plus célèbres ventriloques nous devons citer Brabant, valet de chambre de François Ier ; Barbara Jacobi, de Haarlem (Pays-Bas) vivant vers l'année 1650 ; Saint-Gilles, épicier à Saint-Germain-en-Laye, vers 1765 et, enfin, au commencement du XIXe siècle, Charles Comte qui joignait à son talent celui de la prestidigitation. Au cours de cet ouvrage nous conterons quelques fantaisies habituelles à ces artistes.

Au moyen âge, époque de superstitions et de terreurs religieuses, le ventriloque était considéré quelquefois comme un envoyé du ciel, mais le plus souvent comme un homme possédé du démon ; dans ce cas on le condamnait à être brûlé vif, à titre de sorcier.

La ventriloquie, puisque c'est ainsi que l'on dénomme couramment la laryngiloquie, remonte aux époques les plus reculées, car Hippocrate, le plus grand médecin de l'antiquité, en fait mention ; mais, comme ses contemporains, il croyait que cet art consistait à parler du ventre.

Saint Jean Chrysostome, un des plus célèbres Pères de l'Eglise, croyait que les personnes douées de ce talent étaient chargées de transmettre les ordres du ciel.

Beaucoup de prétendus oracles furent rendus à l'aide de la ventriloquie. Cumes, en Italie, était célèbre par ceux qu'y rendait une sibylle fameuse. Le consultant s'approchait d'une fontaine où une voix souterraine lui prédisait son avenir. Toutes les superstitions entourant cette cérémonie rendaient le spectacle impressionnant.

Cependant un des consultants ayant eu des doutes sur la valeur de ces oracles, et convaincu que les divinités n'y étaient pour rien, dévoila le subterfuge. Accusée d'imposture, la sorcière fut prise et condamnée à être brûlée vive, sort, que malgré sa double vue, elle n'avait pu prévoir pour elle-même.

Les prêtres de l'antiquité utilisaient également la ventriloquie pour impressionner les païens.

Aussi loin que nous remontions dans le passé, nous ne trouvons pas en France d'auteur ayant écrit sur la ventriloquie ; il n'en est pas de même à l'étranger où abondent les traités sur ce sujet.

Les documents sur la ventriloquie sont très difficiles à réunir. Les professionnels sont incapables de donner le moindre renseignement, ayant eux-mêmes appris sans méthode. Ils n'ont d'autre guide que l'exemple d'autrui et leur intuition personnelle. Il est, en effet, très malaisé de définir, avec une précision absolue, la manière dont on doit placer les organes pour obtenir des effets de ventriloquie. Malgré ces difficultés, nous nous efforcerons de donner à nos explications une clarté telle qu'un enfant même puisse comprendre notre méthode.

Beaucoup de professionnels ne sont pas partisans de la divulgation des secrets de leur art. Que craignent-ils ? Redoutent-ils que la divulgation de leurs secrets ne rende tout le monde ventriloque, ou ne leur suscite un plus grand nombre de concurrents ? A cela nous répondrons non ! Quels seront nos lecteurs ?

Les principaux intéressés eux-mêmes !... Oui, mais si ce livre tombe entre les mains d'un profane ?

Un profane le lira une fois, peut-être sans le bien comprendre et ne s'y intéressera pas, un autre le comprendra, mais la connaissance du secret lui suffira.

Il est vrai qu'il existe une autre catégorie de lecteurs, celle des gens qui veulent la mise en pratique ; ceux-là sont les persévérants, ce sont ceux qui sont le plus à craindre ; mais même parmi eux il s'en trouvera bien peu qui oseraient faire profession de cet art.

Ils se contenteront d'exercer leur talent en famille ou entre amis, sans chercher à acquérir une célébrité quelconque, se rendant compte de tous les obstacles qu'il faut surmonter avant de devenir un artiste dans toute l'acception du mot.

L'artiste atteint un degré de perfection telle qu'un élève ne peut espérer y arriver lui aussi en peu de temps.

L'élève devra prendre d'abord le premier exercice, l'apprendre, le pratiquer, puis quand il le connaîtra d'une façon parfaite, il passera au second et ainsi de suite jusqu'au dernier.

L'étude de la ventriloquie demande beaucoup d'attention et surtout de persévérance ; si l'on ne possède pas ces deux qualités mieux vaut s'abstenir.

Qu'entend-on par ventriloquie ? Par ventriloquie on entend l'art de parler ou de chanter de telle façon que la voix paraisse venir d'un endroit autre que celui où se trouve placée la personne qui émet les sons vocaux.

Nous l'avons dit précédemment, cet art n'est pas un don, car le ventriloque parle comme tous ses semblables, mais avec cette différence que, grâce à une méthode particulière de vocalisation, il arrive à donner aux sons qu'il articule une tonalité qui les font paraître émis par une autre personne qui serait placée soit en haut, soit en bas, à droite ou à gauche.

Il est aisé de faire croire que la voix part d'un point ou d'un autre, en raison de la difficulté que nous éprouvons à déterminer le point exact d'où provient un son lorsque nous ne sommes pas aidés par la vue. Imaginez un instant avoir en face de vous un vieillard et un enfant, tous deux ont les lèvres immobiles, une voix enfantine se fait entendre, à qui l'attribuerez-vous ? sans nul doute à l'enfant ; pourquoi ? Parce que vous pensez qu'un vieillard ne peut posséder une voix aussi claire et aussi assurée. Cependant quel indice avez-vous pour faire une telle supposition ? Aucun ; pourtant vous n'avez pas douté un instant. L'art du ventriloque est tellement subtil que pour certaines personnes il semble surnaturel, mais à un initié les choses paraissent bien simples.

HARRY LANÇON.

TOUS VENTRILOQUES

EXERCICES

Pour devenir Ventriloque

Laissons le côté théorique et passons à la pratique des exercices qui constituent l'apprentissage de la ventriloquie, et montrons au lecteur comment il devra opérer pour obtenir les meilleurs résultats. Comme nous l'avons déjà dit plus haut, on ne naît pas ventriloque ; c'est par des exercices gradués que l'on peut acquérir ce talent.

PREMIER EXERCICE. — Placez-vous en plein air, debout, la tête levée et un peu renversée en arrière, croisez les bras derrière le dos, les avant-bras reposant l'un sur l'autre.

Faites une longue aspiration par les narines, de façon que l'air remplisse complètement vos poumons, gardez l'air le plus longtemps possible, puis laissez-le s'échapper lentement, graduellement, en formant avec vos lèvres une sorte de petit tube par lequel l'air passera.

DEUXIÈME EXERCICE. — Étant dans la position indiquée précédemment, l'air s'échappant de vos poumons, arrêtez brusquement l'expi-

Fig. 1. — Position pour le premier exercice.

ration, et par des efforts saccadés, imitez les mouvements de la toux sans tousser toutefois ; restez comme cela, la glotte fermant la fente vocale, jusqu'à ce que vous sentiez le sang vous monter au visage. Puis exercez une forte tension sur le diaphragme, et essayez en même temps de faire sortir de votre gorge une sorte de toux artificielle et traînante. Le son étouffé que vous obtiendrez ainsi est la véritable voix de ventriloque ; continuez jusqu'à l'obtention de sons parfaitement clairs et réguliers. En recommençant fréquemment, tout en laissant quelques intervalles de repos entre chaque exercice, vous obtiendrez le résultat désiré.

Essayez aussi de parler tour à tour avec votre voix de ventriloque et votre voix naturelle ; vous parviendrez de cette façon à changer de timbre de voix avec une aisance parfaite. Vous serez alors capable de donner l'illusion d'une conversation de plusieurs personnes, mais au moment où vous devez changer de voix, efforcez-vous de ne pas respirer ; puis, lorsque vous parlerez avec votre voix habituelle, faites une légère pause avant la fin de la phrase afin de pouvoir aspirer longuement.

La respiration du ventriloque doit se faire par le nez, les poumons doivent être complètement remplis d'air pour éviter les aspirations trop rapprochées, la ventriloquie exigeant des intervalles prolongés entre chaque mouvement respiratoire.

Troisième exercice. — Il est nécessaire pour être un bon ventriloque, d'être impassible et maître absolu des muscles de son visage. Car, pour que l'illusion soit complète, l'opérateur faisant face à son auditoire, la physionomie doit rester calme et les lèvres immobiles. Certains ventriloques ont atteint un tel degré de perfection qu'il est impossible aux oreilles les plus fines, de discerner si c'est l'artiste qui parle, ou si ce sont les mannequins qui ont pris de la vie.

Fig. 2. — Position pour le troisième exercice.

Il existe plusieurs moyens pour arriver à parler sans remuer les lèvres, mais le plus simple est celui-ci :

Fermez la bouche, en appuyant les dents supérieures sur la lèvre inférieure, tout en gardant une expression naturelle et aisée. Placez-vous devant une glace et dites de votre voix naturelle quelques mots simples et ne contenant aucune labiale (lettres se prononçant avec les lèvres, comme B, P, V, F, etc.), exemple : « *Eh ! drôle, oui, non,* et, tout en les prononçant, maintenez votre visage dans une rigidité parfaite, votre physionomie devant rester absolument immobile. Prononcez aussi sans changer de position les voyelles a, e, i, o, u, y; lorsque cet exercice vous sera devenu facile, faites suivre et précéder ces voyelles de consonnes non labiales, comme ta, to, su, ut, sa, ki, etc. Livrez-vous à cet exercice une demi-heure par jour environ, mais à plusieurs reprises, chaque séance ne devant pas durer plus de dix minutes, vous parviendrez rapidement à parler sans remuer les lèvres.

Comme nous venons de le voir, les voyelles et les consonnes non labiales peuvent se prononcer sans l'aide des lèvres. Il est vrai qu'une grande habitude permet de les prononcer toutes. Si l'on ne peut atteindre ce résultat, une petite supercherie permettra d'aplanir la difficulté.

Devant prononcer un mot commençant par une labiale, remplacez-la par une consonne non labiale, dont l'articulation se rapproche de la lettre supprimée. Ainsi Paris deviendra *Raris*, petit deviendra *tetit*, etc.

Voici un autre moyen, meilleur peut-être que le premier. Remplacez la lèvre inférieure devant rester immobile, par la langue venant toucher légèrement la lèvre supérieure, et prononcez de cette façon les lettres B, P, V, F, M, etc. Certains opérateurs emploient un autre moyen pour rester impassibles ; ils se présentent aux spectateurs de profil, le côté vu de l'auditoire reste parfaitement calme, pendant que le côté caché seul se trouve contracté par l'effort. Mais pour parvenir à ce résultat, il faut posséder une grande habileté.

LA VENTRILOQUIE PROCHE ET DISTANTE

Il y a deux sortes de ventriloquie, la *ventriloquie proche* et la *ventriloquie distante*.

La ventriloquie proche consiste à faire parler des objets placés près de l'opérateur. Avant de l'étudier, jetons un rapide coup d'œil sur le jeu des artistes qui savent ainsi amuser et intriguer toute une société. Nous pourrons diviser leurs exercices en deux catégories bien distinctes.

Tantôt ils présentent au public des poupées, conversent avec elles, et leur posent des questions dont les réponses semblent faites par ces poupées elles-mêmes ; tantôt ils font parler un animal ou un objet placé près d'eux : ceci est la ventriloquie proche.

Dans la ventriloquie distante, les sons semblent provenir d'un endroit éloigné, du sous-sol, du plafond, d'un appartement voisin, etc.

Ces deux sortes de ventriloquie ne s'obtiennent pas à l'aide des mêmes procédés, mais la manière de respirer et de parler sans mouvement apparent des lèvres, reste absolument la même.

La ventriloquie proche est accessible à tous, il n'en est pas de même pour la ventriloquie distante, qui demande un travail continu et pénible ; certaines personnes, devenues de véritables artistes, il est vrai, y ont consacré des années entières.

Pour bien jouer une scène de distance, l'opérateur doit déployer un véritable talent de comédien. Ainsi un artiste simulant l'apparition d'un fantôme devra agir et parler comme si ce fantôme était réellement présent. Cette scène est souvent contrefaite par les médiums spirites qui d'ailleurs y excellent.

L'opérateur peut aussi attirer l'attention de son auditoire en interpellant un personnage imaginaire par une phrase comique ou spirituelle ; l'attention des spectateurs se portera immédiatement vers le point où le ventriloque semble voir quelqu'un.

Mais laissons ces citations et passons à la pratique de la ventriloquie distante. Pour l'obtenir, il est nécessaire en quelque sorte de voiler sa voix.

Pour produire ces sons voilés, il faut entr'ouvrir légèrement les mâchoires en les maintenant fixes et rigides. La langue doit être roulée au fond de la gorge, le plus loin possible ; les paroles que vous prononcerez, étant dans cette position, auront un son voilé et lointain.

Pour le débutant, la grande difficulté est de maintenir les mâchoires rigides ; pour y parvenir, prenez deux petits morceaux de bouchon, placez-les de chaque côté de la bouche, sous les molaires, et serrez-les légèrement avec les dents. Lorsque vous parlerez, aisément, de cette façon, vous apprendrez peu à peu à éviter le mouvement des lèvres.

Il est évident que vous ne pouvez devenir ventriloque à la lecture seule de ces instructions ; vous devez prendre le livre, étudier le premier exercice, exécuter à la lettre ses enseignements, et lorsque vous l'accomplirez d'une façon parfaite, passez au second que vous étudierez de la même manière, et ainsi jusqu'au dernier. Reprenez-les ensuite tous ensemble, c'est l'unique moyen de parvenir au succès. Rien ne s'apprend sans peine. Lisez ces pages posément, attentivement ; chaque mot a sa valeur que vous devez apprécier. C'est à cette seule condition que vous comprendrez cet ouvrage.

LA DISTANCE DES SONS

Le ventriloque doit pouvoir juger de la distance des sons. Ceci étant une des grandes difficultés, nous croyons que les quelques exercices suivants seront très utiles.

On ne saurait apporter trop de soin à l'étude de ces exercices, qui donnent la note exacte pour produire avec aisance des sons distants, soit en profondeur, en hauteur ou de niveau. Car n'oublions pas que le secret de la ventriloquie consiste surtout à tromper l'oreille.

Voici la manière d'opérer pour faire cette étude. Placez vos mains sur vos oreilles en les pressant fortement ; les bruits extérieurs vous sembleront venir d'une certaine distance ; plus l'orifice du tympan sera obstrué, plus les sons vous paraîtront lointains. Puis, sans changer de position, prononcez quelques paroles : elles arriveront à votre oreille très affaiblies. Retirez vos mains et prononcez les mêmes paroles, vous pourrez ainsi juger de la différence de son qui existe entre elles et les premières. De cette façon vous arriverez, après plusieurs exercices, à contrefaire la voix lointaine que vous entendiez lors de la première position.

Voici un autre procédé fort recommandé :

Fig. 3. — Procédé pour l'étude de la distance des sons.

prenez un tube de carton, mettez une des extrémités dans votre bouche et fermez l'autre avec la paume de la main, parlez ; les sons qui parviendront au dehors seront très atténués. Essayez ensuite, avec votre voix de ventriloque, de produire les mêmes intonations. Cet exercice vous sera très utile pour imiter les voix venant de l'intérieur d'un placard, d'une malle, etc.

Enfin voici un troisième procédé que je vous indique rapidement.

Placez-vous près d'un puits profond, penchez-vous et parlez avec votre voix de ventriloque qui vous parviendra lointaine et affaiblie ; parlez ensuite avec votre voix naturelle, les sons se répercutant sur les parois du puits auront des inflexions variées que vous imiterez facilement après quelque temps d'étude.

Pour se livrer à l'étude de la ventriloquie il faut, autant que possible, être seul, pour n'être pas distrait. A ce propos, je veux vous conter la mésaventure survenue à un brave ouvrier, ventriloque.

Répétant une scène dans laquelle il imaginait jeter un enfant dans un puits, quelle ne fut pas sa stupéfaction de se voir conduire devant la justice, au milieu des cris de mort proférés par ses voisins. Là tout finit par s'expliquer. Un enfant venait de disparaître dans le voisinage quelques jours auparavant, c'est pourquoi les injures et les supplications proférées tour à tour par le ventriloque avaient été prises au sérieux par les auditeurs de cette

[...] ici, croyant avoir découvert le ravis-
seur de l'enfant, n'hésiteront pas à le dénon-
cer. L'innocence de cet homme fut donc re-
connue, mais on dit que depuis il se livre à
l'étude de son art avec plus de discrétion.

ÊTES-VOUS VENTRILOQUE ?

Nous supposons que vous avez suivi point
par point nos instructions, que vous avez étudié
en particulier chaque exercice; malgré tout
cela vous craignez de n'avoir qu'imparfaite-
ment compris nos instructions et vous désirez
savoir si vous possédez réellement la voix de
ventriloque.

Voici une excellente méthode pour reconnaître si vos efforts ont été couronnés de
succès.

Placez-vous devant une glace, le cou découvert, et remarquez bien les différents mouvements de cette partie saillante que l'on nomme
pomme d'Adam.

Parlez [...] avec votre voix naturelle [...]
[...] la pomme d'Adam [...] lorsque vous parlez
[...] la pomme d'Adam s'abaissera. Le col
[...] se produira si votre voix artificielle [...]
[...] En suivant nos instruc-
tions telles que nous les donnons, l'œil et
[...] et cela d'autant mieux que
[...] de l'étude attentive à chacun [...]
[...]

a un caractère presque surnaturel, trouveront
peut-être ces procédés bien simples. Mais
qu'importe les moyens si le résultat conserve,

Fig. 4. — L'apprenti ventriloque vérifie lui-même
ses progrès.

pour les non initiés, cet attrait mystérieux qui
en est un des plus grands charmes.

Voici donc une méthode vraiment bonne,
unique si nous osons dire, en tout cas la plus
simple, la plus facile et la plus assimilable
pour les futurs adeptes de la ventriloquie

Nous ne sommes pas l'inventeur de cette
méthode, notre seul mérite est de l'avoir éclair-
cie et simplifiée.

Nous pouvons tous devenir ventriloques,
cela n'est qu'une question de temps et d'étude,
de même que tout le monde peut chanter, mais

plus ou moins bien. On ne doit jamais faire ces exercices lorsque l'on souffre de la gorge. Et si l'on éprouve de la fatigue, ce qui arrive fréquemment chez les commençants, il est préférable de s'arrêter pour reprendre un peu après.

DIFFÉRENTES SORTES DE VOIX

Il y a deux sortes de voix bien distinctes, qui sont : la voix aiguë et la voix de grognard.

La voie aiguë conviendra très bien pour imiter le langage d'une vieille femme bavarde et querelleuse ; si vous devez imiter une voix de petite fille, les sons devront être beaucoup plus doux ; enfin une voix tenant le milieu entre ces deux, conviendra parfaitement à une jeune femme.

Comme vous le voyez, il existe plusieurs variétés de la voix aiguë ; il en est de même pour la voix de grognard, qui, comme l'indique son nom, servira à imiter le ton d'un homme âgé et grognon, d'un ivrogne, d'un esprit ; pour cela, il suffira de murmurer et de prononcer les mots d'une façon indistincte.

La voix aiguë

Pour obtenir cette voix, placez l'extrémité de la langue contre la racine des dents supérieures, puis prononcez des paroles se rapprochant de J J, et dont vous prolongerez les voyelles jusqu'à ce que vous obteniez un son perçant. La langue ainsi placée contre le palais aura, à peu de chose près, la position qu'on lui donne pour jouer de la clarinette. Les sons que vous obtiendrez devront contraster avec votre voix habituelle. Lorsque vous y serez parvenu, prononcez quelques mots usuels ; ensuite vous passerez aux dialogues, votre voix artificielle alternant avec votre voix naturelle.

La voix de grognard

Pour imiter la voix de grognard, les efforts à faire pour articuler les sons, sont presque nuls.

Pour cela, placez l'extrémité de la langue à la base des dents inférieures en la faisant reposer sur la mâchoire inférieure ; la partie se trouvant au fond de la bouche doit rester immobile. Ensuite grommelez, c'est-à-dire murmurez quelques paroles en vous servant seulement de l'extrémité de la langue.

Il existe, entre ces deux sortes de voix, voix aiguë et voix de grognard, une série de voix intermédiaires que l'on obtient en modifiant celles-là.

Voici deux autres sortes de voix, la voix d'en haut et la voix d'en bas, qui sont absolument distinctes des deux premières.

Voix d'en haut

Vous servant de la voix aiguë, il peut arriver un moment où cette voix devra paraître provenir d'en haut ou d'en bas. Pour produire cette illusion, employez la ventriloquie distante ; seulement au lieu de former les sons au fond de la bouche, cherchez au contraire à les projeter en avant ; si cet exercice est convenablement exécuté, vous sentirez parfaitement l'air venant frapper le haut du palais.

Si la voix semble se rapprocher peu à peu, ramenez graduellement votre voix vers le fond de la gorge : vous obtiendrez ainsi des sons moins distants.

Pour obtenir un résultat complet, la tête doit être tenue levée pendant toute la durée de l'exercice.

Voix d'en bas

Comme pour la voix d'en haut, servez-vous également de la ventriloquie distante. Puis étirez le cou de toute la longueur que vous pourrez lui donner ; abaissez la tête, le menton reposant presque sur la poitrine ; cette position doit être naturelle pour ne pas paraître ridicule et gauche. Plus vous abaisserez la tête, plus la voix sera profonde ; vous devrez conserver cette attitude pendant toute la durée du dialogue.

Vous ne parviendrez à un bon résultat qu'en vous livrant très fréquemment à ces exercices. Nous pensons que l'imagination du lecteur lui enseignera, mieux que la meilleure théorie, la méthode qu'il devra employer pour acquérir les voix dont il aura besoin.

AUTOMATES

Dans leurs séances de ventriloquie, beaucoup d'opérateurs se servent d'automates à figure humaine que l'on nomme aussi *androïdes*, et dont l'origine, d'après certains auteurs, semble remonter aux Grecs. Ces poupées primitives, dont la tête et les membres étaient articulés n'avaient d'ailleurs rien à envier à bon nombre de nos androïdes modernes.

Albert le Grand, célèbre savant allemand et alchimiste distingué du XIII° siècle, avait fabriqué un automate, d'un mécanisme ingénieux, qui ouvrait la porte de sa cellule et prononçait quelques paroles souhaitant la bienvenue au visiteur.

Saint Thomas d'Aquin, le plus célèbre théologien du moyen âge et disciple d'Albert le Grand, croyant reconnaître dans cet androïde une invention diabolique, détruisit en un instant l'œuvre de 30 années d'un travail persévérant.

Blaise Pascal, mathématicien et géomètre français, né à Clermont en 1623, construisit, à l'âge de 18 ans, un automate calculateur dont les résultats ne furent qu'à demi satisfaisants.

Un peu plus tard, Leibniz, illustre savant allemand, né à Leipzig, reprit l'idée de Pascal, et en 1673 présenta, à l'Académie des sciences, un nouvel automate calculateur, exécutant parfaitement les quatre règles, qui provoqua une grande admiration ; mais son mécanisme ne tarda pas à se détraquer.

Quelques années plus tard, vint Jacques de Vaucanson, réputé pour ses automates, dont quelques-uns furent de véritables merveilles mécaniques. Ce fut d'abord le canard se livrant au travail de la déglutition et de la digestion ; puis vint ensuite son fameux joueur de flûte, exécutant sur cet instrument douze airs variés et cela sans une fausse note. Exposé à Paris en 1738, cet automate fut présenté à l'Académie des sciences où il excita l'admiration universelle.

La reine Marie-Antoinette s'intéressant vivement à ces travaux, Vaucanson lui offrit son cabinet de mécanique.

Il construisit encore un joueur de tambourin et de galoubet. Vers la fin de sa vie, il travaillait à un androïde dans l'intérieur duquel on aurait pu voir le mécanisme de la circulation du sang. La mort interrompit cet ouvrage pour lequel il avait employé toute sa science et toute son ingéniosité. Ces différentes pièces si intéressantes et si curieuses furent offertes à l'Académie des sciences qui ne les conserva pas et les laissa se disperser. Seul le joueur de flûte fut gardé avec soin par un musée allemand qui fit un plus grand honneur que la France aux chefs-d'œuvre de ce mécanicien surprenant.

En 1769, le baron Volfyang de Kemplen, mécanicien autrichien, fabriqua un automate qui obtint un grand succès dans toute l'Europe. Cet androïde jouait aux échecs et, à Schœnbrunn, fut le partenaire de Napoléon Ier.

L'Empereur joua trois coups régulièrement, puis essaya une fausse marche du cavalier. L'automate remit gravement la pièce en place et joua à son tour. Deux ou trois fois encore, Napoléon exécuta de fausses manœuvres. Tranquillement l'androïde remit les choses au point, puis à un moment donné il renversa toutes les pièces. Napoléon parut heureux d'avoir fait perdre patience même à un homme de bois. Il ne sut jamais qu'il avait été victime d'une supercherie. Un joueur était caché à l'intérieur de l'automate et un système de glaces lui montrait les pièces sur un échiquier en miniature. Il n'avait qu'à pousser certains ressorts conduisant aux doigts de l'androïde et parvenait ainsi aux pièces à déplacer. Promené aux États-Unis, cet automate fut brûlé à Philadelphie, en 1854, par des Américains plus clairvoyants, furieux d'avoir été dupés.

Plus récemment encore, nous avons eu un autre mécanicien célèbre, Robert-Houdin, dont le nom est resté si populaire en France. Né à Blois, le 6 décembre 1805, Robert-Houdin était fils d'un horloger. Tout jeune il embrassa la profession paternelle et montra de grandes dispositions pour la mécanique.

Son père qui s'appelait tout simplement Robert, voulant faire de lui un homme distingué, le plaça chez maître Roger, notaire à Paris. Mais le jeune clerc, bientôt las de griffonner du matin au soir des actes et des papiers timbrés, quitta l'étude de son patron pour s'adonner complètement aux sciences. Travailleur infatigable, Robert rêvait de créer des sujets de mécanique inédits, capables d'étonner ses contemporains et de faire passer son nom à la postérité. Travaillant sans relâche, ses facultés excitées par la fièvre de l'invention, se développaient et produisaient toujours quelque nouveauté. Il créa ainsi des machines fort curieuses et dignes de rivaliser avec celles de Vaucanson. Ces différentes pièces furent médaillées en 1839, 1844, 1845 et 1859. Voici les principales : *Le danseur de corde*, marchant en avant et en arrière sur une corde assez élevée, tout en faisant passer son balancier au-dessus de sa tête. *Le fumeur, siffleur* et *souffleur*, qui successivement fumait une pipe, éteignait des bougies et lançait des coups de sifflets perçants.

Le gymnasiarque, pièce particulièrement intéressante et ingénieuse. Le trapèze étant sur pied, on plaçait l'automate sur la barre où il restait suspendu par les mains, exécutant ensuite les tours les plus extraordinaires que l'on ait vus.

Arlequin dans sa boîte, pièce non moins curieuse que la précédente. On présentait une boîte que personne ne pouvait ouvrir ; on la plaçait sur une table, elle s'ouvrait seule. Arlequin en sortait, exécutait mille cabrioles et tours d'équilibre, fumait une pipe en tirant de larges bouffées de fumée, puis rentrait prestement dans sa boîte qui se refermait seule.

Il construisit encore un grand nombre de pièces, mais je ne cite que les principales.

Le 3 juillet 1845, Robert-Houdin ouvrit un théâtre portant son nom, et dont la vogue alla grandissante pendant sept années consécutives.

Le succès ayant atteint son apogée, il s'installa boulevard des Italiens. Le 30 janvier 1901 le feu prit à son établissement ; on le reconstruisit, et le nouveau théâtre rouvrit ses portes le 22 septembre de la même année.

Devenu âgé, il se retira de la scène et habita Saint-Gervais, près de Blois. Dans sa demeure, au Prieuré, un mécanisme lui permettait d'ouvrir la porte de la grille de sa propriété, de donner de l'avoine à son cheval sans sortir de son appartement, et, du même endroit, il pouvait se rendre compte à quel degré s'élevait la température de sa serre.

Ses automates avaient tous un mécanisme invisible ; les pièces étaient montées sur un piédestal recélant des touches que l'on poussait et qui actionnaient soit un bras soit une jambe du personnage. Pour pousser ces touches, on se sert d'une mécanique qu'en terme de prestidigitation l'on nomme pédale.

Une pédale est composée de deux tiges verticales reliées ensemble par deux tiges horizontales et d'une troisième que l'opérateur peut à son gré monter ou descendre à l'aide d'une poulie.

Les pédales sont fixées à une table spéciale. En faisant fonctionner la pédale correspondant à la partie que l'on veut actionner, le bras ou la tête exécute le mouvement qui lui est d'avance assigné.

À notre époque, chacun apportant sa part d'imagination et d'ingéniosité, on est arrivé à produire des androïdes vraiment remarquables.

Le célèbre transformiste Frégoli possède un automate jouant du piano et chantant.

Ce piano est mécanique et joue seul ; quant à la voix qui semble venir de l'automate, elle est obtenue à l'aide de la ventriloquie.

Tout dernièrement, un allemand, Frédéric Island, a exhibé un homme énigme qui surpasse en curiosité et en intérêt tout ce qu'il a été possible de voir jusqu'à ce jour.

Cet être artificiel auquel son créateur a donné le nom d'*Enigmarelle*, a été construit puis démonté et de nouveau reconstruit par son créateur, auquel il a coûté de longues années d'essais et de calculs.

Les débuts de l'exhibition eurent lieu au cirque Busch, de Berlin. Cet androïde marche en marquant le pas, allume une cigarette et la fume, monte à bicyclette comme un véritable sportsman, et écrit son nom avec un talent calligraphique qui ferait envie à plus d'un de nos congénères.

Enigmarelle est haut de 1 m 83, pèse 99 kilogrammes et est composé de 365 pièces bien distinctes. Les pieds sont de fer, les jambes d'acier et de bois, les bras d'acier et de bronze. Dans son corps fonctionnent sept moteurs, dont une partie est mise en action au moyen de ressorts et l'autre partie par l'énergie électrique. Les moteurs reçoivent l'énergie de quatorze accumulateurs qui développent une force de 24 volts et 2.700 ampères à l'heure.

Lorsque *Enigmarelle* chemine, le mécanisme fonctionne de la façon suivante. Un moteur pousse en avant la jambe droite, et le corps se tourne à gauche, au moyen d'un ressort ; le contact est alors établi avec les autres moteurs. Ceux-ci avec une extraordinaire perfection, se mettent en mouvement, distribuant leur force aux autres membres, de façon que l'équilibre soit scrupuleusement maintenu. Ainsi l'homme artificiel avance pas à pas avec une entière régularité.

Un Américain, aussi pratique qu'ingénieux, avait construit pour garder sa propriété d'énormes chiens mordant ce qui se trouvait sur leur passage. Il les remontait au crépuscule et les dispersait dans son domaine où ils erraient toute la nuit. Un matin il trouva un homme pris entre les crocs puissants de l'un de ses pensionnaires de fer, il fit photographier cette scène, la plaça bien en vue avec ces mots : « Voilà le sort réservé à celui qui essayera de violer mon domicile. » Certaines personnes crurent sans doute à une plaisanterie, car le lendemain il trouvait encore trois hommes que les terribles gardiens avaient happés au passage.

Un autre habitant du nouveau monde a construit tout récemment un homme-automate qui marche, gesticule, rit aux éclats et conduit une voiture chargée de voyageurs.

Toutes ces pièces, véritables curiosités au point de vue mécanique, ne seraient d'aucune utilité pour le ventriloque ; les automates servant à celui-ci sont d'un genre bien différent. Ces figures sont d'un grand secours pour l'artiste qui donne des séances théâtrales, car elles facilitent singulièrement le travail. Leur mécanisme moins compliqué que celui des automates dont nous venons de parler, n'est pas moins ingénieux. Nous donnerons nos descriptions d'une façon aussi claire que possible, et nous aidant pour cela de quelques croquis qui accompagneront le texte.

Les figures employées dans la ventriloquie sont ordinairement en bois. Le ventriloque se présente en faisant marcher la figure à son côté, puis en passant la main dans une ouverture pratiquée au milieu du dos de l'automate, il peut en faire fonctionner chaque partie. Il peut lui poser des questions auxquelles il répond en remuant les mâchoires ; il peut aussi le faire chanter, danser, rire ou pleurer, en un mot lui donner l'apparence de la vie.

Un artiste anglais du nom de O'Kill, éditeur de ventriloquie et prophétisme, a construit une figure qui marche seule, s'asseoit et parle.

Mécanisme des figures

Pour bien expliquer le fonctionnement des figures, nous prendrons chaque partie séparément.

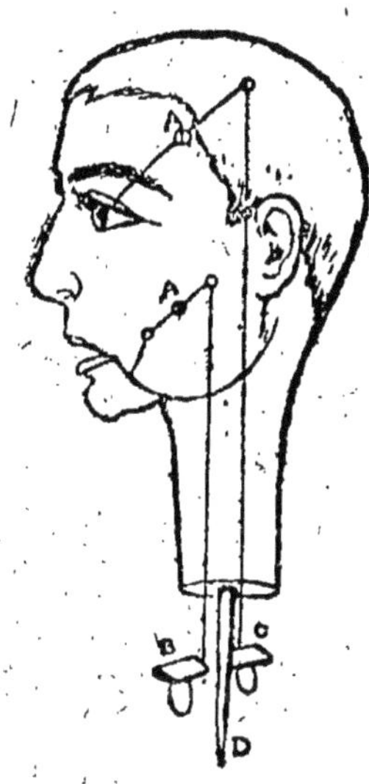

Fig 5. — *Détail :* A., pivot fixe. — B., Tige faisant fonctionner la bouche. — C., Tige pour actionner les yeux. — D., Tige reposant sur le tronc de la figure pour permettre la manœuvre de la tête.

Parlons du mécanisme de la bouche. Pour actionner cette bouche, on fait manœuvrer un levier en tirant une tige qui fait ouvrir ou fermer les lèvres, une autre tige fait ouvrir ou fermer les yeux ; le même mécanisme est employé pour faire remuer les cheveux (voir fig. 5), A partie fixe formant levier, B tige faisant fonctionner la bouche, D autre tige qui repose sur le tronc et permet à l'opérateur de faire manœuvrer indépendamment chaque partie de la tête et l'empêche de s'enfoncer complètement dans les épaules. D'autres automates sont actionnés par des ficelles que l'on tire comme les tiges et qui fonctionnent de même.

L'importance du tronc n'est pas moindre que celle de la tête. Son mécanisme est mû également par la main de l'opérateur.

Sur la partie supérieure du tronc est pratiquée une ouverture dans laquelle on place la tête qui peut se retirer à volonté ; on peut donc ainsi changer facilement la physionomie de l'automate, suivant le personnage que l'on veut représenter.

Fig. 6. — *Détail* : A., ouverture dans laquelle on place la tête. — B.. Partie supportant la tige inférieure de la tête. — C. Cheville servant à fixer le tronc sur une sur une chaise.

La figure 6 démontre de quelle façon est disposé le tronc. A est l'ouverture dans laquelle la tête est placée. B est la partie supportant la tige inférieure de la tête. C est la cheville qui sert à fixer le tronc sur sa chaise.

Fig. 7. — Figures assises en conversation avec le ventriloque.

Le tronc dont nous donnons la description sert pour les figures assises, n'ayant pas de jambes articulées (voir fig. 7).

Maintenant voici le fonctionnement des bras et des jambes. Le mécanisme est toujours à peu près le même, les bras agissent à l'aide d'un levier (voir fig. 8) ; il en est de même pour les jambes, on en soulève une en la faisant reposer un pas plus loin où elle sert de point d'appui pour faire exécuter le même mouvement à l'autre ; lorsque cet exercice est bien exécuté, l'illusion des spectateurs est complète.

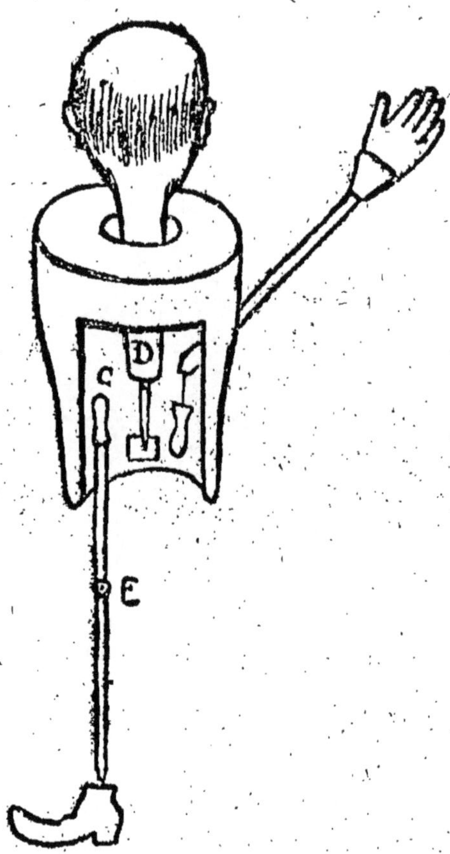

Fig, 8. — Mécanisme des bras et des jambes.
(Voir le détail dans le texte).

Figure 8. — **A** est une sorte d'étagère sur laquelle repose la tête ;
B Poignée pour articuler les bras.

C Poignée pour faire manœuvrer les jambes.
D Tête de la figure.

Au milieu de la jambe se trouve une articulation, E, qui permet de la plier et de faire asseoir le personnage sur n'importe quelle chaise ordinaire

Toutes les explications ayant été données pour les grands personnages, nous allons passer aux petits.

Enfants

Quel que soit le genre d'enfants, fillette ou

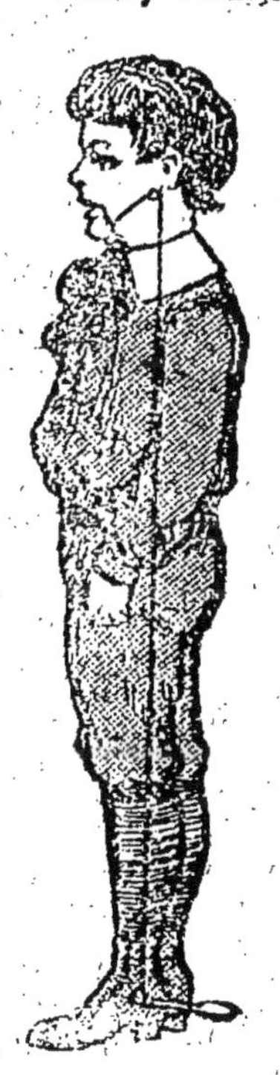

Fig. 9.

Enfant automate,

avec sa

pédale motrice.

garçon, représentés par l'automate, celui-ci
marche à l'aide d'une pédale à peu près iden-
tique à celles que l'on voit aux pianos. Pour les
automates que l'on présente entre les jambes,
cette pédale est située derrière un des pieds de
l'androïde, et il suffit de la presser pour lui
faire ouvrir ou fermer la bouche. Certains
petits automates que l'on place sur les ge-
noux fonctionnent exactement comme les
grands.

Fig. 10. — Mécanisme de la caisse pour l'*Enfant incorrigible*.

Un opérateur donne une représentation. L'enfant est désobéissant ou paresseux. En punition son père le place dans une grande caisse soutenue par quatre pieds, mais à peine est-il détourné que l'incorrigible et indomptable bambin sort sa tête de la caisse en pleurant et en implorant un pardon qui lui sera sans doute accordé.

Pour que cet enfant de bois ressorte ainsi tout de suite seul de sa caisse, qu'a-t-il fallu ? Bien peu de chose, une simple pédale. La caisse est construite de telle façon, qu'en appuyant sur cette pédale, placée au bas d'un pied de la table-caisse, le couvercle se soulève poussé par une tête absolument semblable à celle du mannequin, que vous y avez placé et actionnant les mâchoires de la même façon que l'automate.

Têtes comiques

Il est aussi fort amusant de présenter deux têtes sans corps que l'on fait parler. Cette représentation fut donnée par un de nos camarades, M. Carl Milder. Voici la façon de procéder.

On suspend une des têtes à une ficelle très solide, dont l'extrémité est également attachée au sommet d'une autre tête, en laissant une longueur de 50 à 60 centimètres de corde entre chaque figurine. Attachez une ficelle à la tige faisant actionner la bouche, et formez une boucle à l'extrémité de cette ficelle. Votre ap-

pareil est prêt. Passez la corde qui relie les
deux têtes autour de votre cou en ayant soin

Fig. 11. — Présentation de deux têtes sans corps
et parlantes.

de la dissimuler sous votre habit. Cachez également sous votre gilet les ficelles munies de
boucles.

Maintenant entrez en scène. Vous vous présentez devant l'auditoire, le prévenant que vous allez donner une petite séance de ventriloquie. Vous appuyez vos poings sur vos hanches comme pour prendre une position aisée, mais en réalité pour saisir les ficelles cachées sous votre gilet, vous introduisez les pouces dans les boucles et actionnez ainsi les bouches de vos figurines (voir fig. 10).

Automates danseurs

Certains opérateurs dansent avec leurs automates.

Pour obtenir cet effet, il ne faut pas un mécanisme bien compliqué, un simple crochet suffit.

Ce crochet placé au pied droit de l'opérateur, est introduit par celui-ci dans un anneau placé au pied gauche du mannequin. La danse finie il dégage le crochet de l'anneau assez adroitement, pour que les spectateurs ne s'aperçoivent pas du stratagème.

Figures à combinaisons comiques

Dans ces sortes de combinaisons, le ventriloque semble toujours être porté par le mannequin. Ainsi, on verra un automate géant portant l'opérateur dans ses bras.

Ou bien une chiffonnière tenant un bâton à

la main, et ayant sur son dos une hotte dans laquelle un homme sera placé. Cet homme, après s'être saisi de son bâton, l'en frappera pour la faire avancer plus vite (fig. 14).

Fig. 12. — Le ventriloque porté par un géant, vu de la salle.

Fig. 13. — Dispositif de la combinaison.

On peut, pour varier, présenter monsieur rentrant à califourchon sur le dos de madame,

Fig. 14. — La chiffonnière et son voyageur,
vus de la salle.

à la suite d'incidents que détaillera l'ingéniosité du ventriloque (fig. 16).

Ces effets sont fort comiques, et parfois même d'une conception décevante, car l'on croirait véritablement voir deux personnages vivants.

Qui ne connaît, par exemple, ces chevaux en carton peint, que certains clowns emploient

Fig. 15. — La chiffonnière et son voyageur, dispositif de la combinaison.

pour amuser les spectateurs. C'est à l'aide d'une combinaison à peu près semblable que l'on obtient les effets dont nous avons parlé plus haut.

Les pieds du géant appartiennent en réalité au ventriloque, dont la tête est passée dans une ouverture pratiquée à la hauteur de l'estomac

Fig. 16. — Monsieur rapporté par Madame,
vu de la salle.

de l'automate. Tandis que les jambes semblant être celles du ventriloque, sont en carton (fig. 13). Dans la scène représentée par la fig. 14,

le ventriloque passe sa tête dans la hotte et
ses bras dans les manches de la chiffonnière ;
pour la frapper il sort un bras de l'une des

Fig. 17. — Monsieur rapporté par Madame,
dispositif de la combinaison.

manches et prend le bâton de la main qui
semble être celle de la femme. Ses jambes sont
celles du ventriloque.

Animaux automates

Il y a peu de chose à dire sur les animaux, le système mécanique, sauf quelques mouvements supplémentaires, étant à peu près le même que celui des petits personnages.

Les sujets sont peu variés, les plus connus

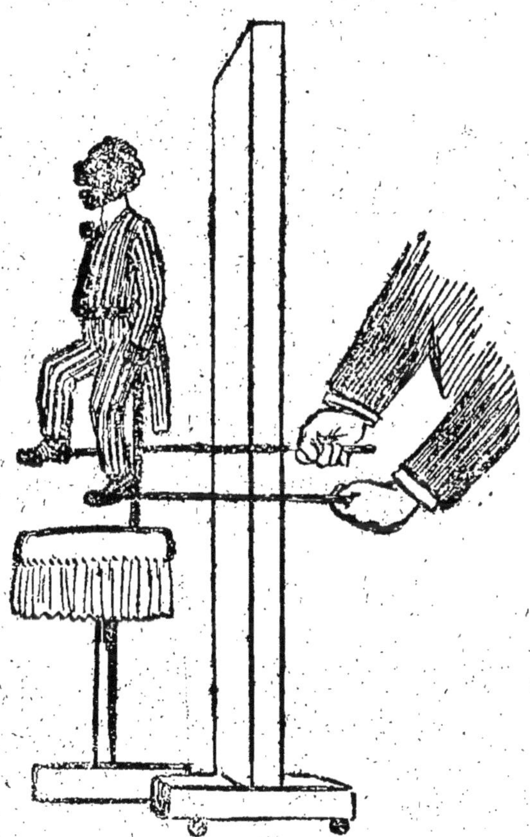

Fig. 18. — Le *Nègre danseur*.

sont le chat, le chien, le porc, le singe et le perroquet.

Ils marchent tous à l'aide de ficelles aboutissant dans les coulisses et qu'un tiers actionne au moment voulu, de la même façon que pour le *Nègre danseur* (fig. 18).

Manière de fabriquer une figure instantanément

Les automates étant d'un prix assez élevé, nous indiquerons un moyen, à la portée de tous, pour donner une séance avec figure, sans posséder aucun mannequin. Supposons que vous soyez invité par vos amis à donner une petite séance. Ayez soin de vous munir d'un peu de rouge à grimer et du crayon gras noir dont on se sert pour les cils. Puis, le moment de votre représentation arrivé, vous préparez vos auditeurs à ce qui va suivre, en leur tenant un discours dans le genre de celui-ci :

« Mesdames, Messieurs,

« Comme je vous l'ai promis, je serais très heureux de vous donner une petite séance de ventriloquie. Ayant oublié mes figurines, je me verrais contraint de manquer de parole, si par bonheur un de mes amis ne m'avait enseigné le moyen de créer un enfant immédiatement. Grâce à cette méthode, je puis faire disparaître cet enfant dès qu'il ne me sera plus utile, sans avoir à craindre pour cela aucune poursuite judiciaire.

« Voici donc la recette de mon savant ami : Prenez votre main gauche, passez un peu de rouge sur le bord intérieur du pouce, autant sur le bord intérieur de l'index, voici pour la bouche. Prenez le crayon noir, un trait à droite,

Fig. 19. — La main qui parle. *Détail* : A., la bouche. — B, B'., les yeux. — C., le nez.

un trait à gauche, voici les yeux ; un troisième coup de crayon au milieu formera le nez. Maintenant coiffons cet enfant qui vient de naître. »

Vous prenez dans votre poche un béret ou un bonnet, dont vous aurez eu soin de vous munir à l'avance, et le placez sur l'auriculaire. Voici la tête terminée. Mais notre cher bambin ne possède pas de corps ; comment faire pour lui donner l'apparence d'un être normalement construit ? C'est alors que vous remarquez à terre un corps de poupée abandonné là comme

par hasard. Vous le ramassez en disant :
« Voici un corps dépourvu de tête, en l'adaptant
à cette tête dépourvue de corps, nous obtien-
drons un être complet. » Vous placez la tête sur
le cou de la poupée. Puis vous prenez une petite
chaise sur laquelle vous asseyez le corps de
votre petite figurine, et vous jouez alors une
des scènes que nous indiquons plus loin.

FARCES ET ANECDOTES DE VENTRILOQUES

Parfois les disciples de la ventriloquie peuvent s'offrir certaines distractions fort amusantes. Nos lecteurs pourront en juger d'après les quelques anecdotes que nous allons conter, et dont nombre de célébrités de l'art de la ventriloquie ont été les principaux acteurs.

Saint Gilles était un épicier de Saint-Germain-en-Laye, vivant au XVIIIe siècle, et qui acquit rapidement son talent de ventriloque. On conte de lui l'histoire suivante :

Un jeune homme marié depuis peu, s'adonnait à tous les excès et faisait la désolation de sa jeune femme, qui se plaignit à une de ses voisines. Celle-ci faisant un jour ses provisions chez Saint Gilles, entra en conversation avec des acheteurs, commentant la conduite du mari de cette jeune femme.

Saint Gilles écouta lui aussi et pris de compassion au récit du chagrin éprouvé par cette épouse délaissée, il résolut de convertir son infidèle compagnon, et de le lui ramener. Sachant que ce jeune homme craignait un peu les choses surnaturelles, il l'attira dans son jardin sous un prétexte quelconque. Lorsqu'ils furent un peu éloignés, une voix sévère se fit entendre et lui tint à peu près ce discours : « Jeune homme, tu as commis de bien graves fautes, tes parents sollicitent contre toi une lettre de cachet. Si tu ne rentres promptement en ton devoir, tu périras en prison, et après ta mort tu seras livré aux flammes éternelles! » Le coupable effrayé chercha longuement, mais bien inutilement, d'où venait cette voix ; persuadé que c'était un avertissement du ciel, il alla se jeter aux pieds de sa femme et mena dès lors une conduite exemplaire.

Fitz James, qui vivait au commencement du XIXe siècle, excellait à imiter le bruit d'une procession, le murmure d'une foule, les chants religieux. L'illusion était si complète que les moins disposés à prendre le change avaient peine à se défendre de la mystification.

Un autre ventriloque français, l'illustre Alexandre, rencontre à Londres un de ses amis qui, depuis fort longtemps, lui réclamait une petite scène. Passe une voiture de foin. Alexandre prévient discrètement son ami et à l'instant même des cris terribles se font entendre, paraissant provenir de cette voiture. Etonnés les passants s'arrêtent, se consultent, se précipitent sur le charretier ahuri, et lui enjoignent de délivrer immédiatement le malheureux qui étouffe sous les bottes de foin. Le charretier hésite, les cris deviennent de plus en plus déchirants ; les passants arrachent eux-mêmes le foin en se hâtant davantage à chaque supplication. S'étant prestement éloignés, Alexandre et son ami jouissent de la stupéfaction des passants et du charretier, ne découvrant âme qui vive sous le fourrage saccagé.

Dans un salon de Berlin, un vieux bureaucrate traitait Alexandre de comédien, d'un ton fort dédaigneux. Ils se retrouvèrent ensemble à un dîner donné par un grand personnage de cette ville. Au troisième plat, on apporte un télégramme au fonctionnaire. Il se lève, dit être mandé d'urgence au ministère, s'excuse et se retire immédiatement. Mais de l'antichambre on l'entend s'écrier : « Comme l'on mange mal ici, du diable si l'on m'y reprend ! » Alexandre s'était vengé ! Le pauvre bureaucrate n'osa jamais se représenter dans la maison.

Le célèbre ventriloque irlandais, Maccabe, entrant un matin dans un village, rencontra un paysan monté sur un âne. Il s'arrête, parle de choses et autres et, tout en causant, caresse machinalement le cou de Maître Aliboron. Subitement l'idée lui vient de mystifier son compagnon.

Il demande au paysan (un vieux fripon) :

— Quel âge a votre âne !

— Il va sur ses quatre ans, répond le bonhomme.

Alors subrepticement Maccabe tourne de son côté la tête de l'animal et dit de sa voix de ventriloque :

— Oh ! le menteur ! j'ai dix-neuf ans !

Maccabe fait un bond en arrière et feint une profonde stupéfaction. Quant au paysan, on dit qu'il mourut de saisissement.

Un des habitants d'un immeuble parisien, avait voué une haine implacable à son propriétaire, celui-ci ayant refusé de payer la moindre partie des réparations que son locataire avait jugé utile de faire faire à son appartement. Le terme échu, lors de la présentation de la quittance, cet homme refusa absolument de la payer, prétendant avoir dépensé en restaurations au moins dix fois la valeur de cette quittance. Le propriétaire attaqua, et la jurisprudence rendit un jugement le condamnant à loger gratuitement son locataire pendant dix mois, ou à lui payer dix mois de loyer dans une autre maison. Il préféra le garder chez lui. Mais sa femme, d'un caractère acariâtre et difficile, fâchée de ce jugement qu'elle trouvait injuste, se vengeait en disant chaque jour une nouvelle méchanceté à l'adresse de son locataire. Celui-ci se gardait bien de lui répondre. Pourtant lassé de ces attaques continuelles, il résolut de se donner la petite satisfaction de mystifier cette dame.

Il se souvint qu'il cultivait autrefois la ventriloquie et y avait obtenu un certain succès. Ayant appris d'autre part, que son propriétaire souffrait de fréquentes attaques d'épilepsie, l'idée lui vint d'utiliser son talent de ventriloque. Voici comment :

Il guetta son ennemi au moment où il descendait à la cave, s'assura si la femme de celui-ci était bien chez elle, puis satisfait de son examen, il se plaça dans l'escalier, et d'une voix qui semblait venir des profondeurs de la cave, il se mit à crier : « A moi ! au secours ! » L'imitation de la voix était si parfaite que cette dame, effrayée, descendit rapidement au secours de son mari, trop rapidement même, car elle perdit l'équilibre et tomba. Mais l'émotion étant plus forte que la douleur, elle se releva bien vite et courut à l'endroit d'où provenaient encore des plaintes et des gémissements. Quelle ne fut pas sa stupéfaction de trouver son mari s'apprêtant tranquillement à remonter : « Comment ? tu n'es pas malade ? pourtant ces cris ?... » Le pauvre homme ne comprenant rien à ce discours, crut que sa femme était devenue un peu folle. Et dans la crainte de causer une attaque d'épilepsie pouvant avoir des suites funestes pour son mari, elle dut se résigner à passer pour telle.

A l'ancien restaurant Brébant, voici la scène dont quelques habitués furent témoins. Un gentleman mis avec la plus grande élégance et d'une tenue impeccable, suivi d'un chien mouton, entre, choisit une table, s'y installe et, après avoir assis le chien sur une chaise près de lui, commande pour lui-même deux œufs brouillés.

— Et deux œufs brouillés pour moi aussi, dit le chien au garçon stupéfait.

— Ensuite, reprend le maître, vous me servirez un bifteck aux pommes.

— Et un autre pour moi, reprend le chien, mais pas trop cuit, n'est-ce pas ?

Effarement croissant du garçon. Un dîneur assis à la table voisine caresse le chien, et dit au maître avec une profonde admiration :

— Vous avez dû avoir bien de la peine, monsieur, à apprendre à parler à votre chien, mais le résultat obtenu est prodigieux ! S'il était à vendre je l'achèterais volontiers. J'en donnerais bien mille francs !

— Mon chien n'est pas à vendre, répond froidement l'interpellé.

— Si je vous en offrais deux mille ?

— Je ne le donnerais pas davantage.

— Eh bien, tenez, c'est une fantaisie folle

que je voudrais me passer ; je vous en offre cinq mille francs ! »

A ces mots, le chien que son maître avait encore rapproché de lui, s'écria :

— Tu sais, ne me vends pas ! Si tu fais cela, je me vengerai !...

— Et que feras-tu donc ?

— Tu le verras, répondit simplement le chien.

Son maître ne l'écouta pas, et consentit à le céder pour six mille francs. Quand il eut fait le reçu à l'acheteur, l'animal reprit :

— Puisque c'est ainsi, je ne parlerai plus ! »

Malgré cette menace, l'acheteur l'emmena chez lui et voulut le faire parler à son tour. Mais le chien resta absolument muet. Ni les gourmandises, ni les coups ne purent lui faire articuler le moindre mot. Puis un beau matin, il s'enfuit pour retourner chez son premier maître. L'acheteur comprit alors qu'il avait été la dupe d'un habile mystificateur, ventriloque parfait, qui avait dressé son chien à jouer la scène que nous venons de raconter.

En agissant ainsi, il gagnait largement sa vie. Il réalisa de cette façon une fortune, et se retira après quelques années, ayant signé un grand nombre de reçus et vendu son chien plusieurs fois.

❧

Un docteur voulant acquérir la célébrité,

cherchait depuis longtemps le moyen à employer pour réaliser son rêve, lorsqu'un beau matin il se frappa joyeusement le front. Il avait trouvé, mais ne fit part à personne de sa découverte ; il se contenta de faire insérer, dans un journal de sa localité, une annonce ainsi conçue :

« On demande personne muette, consentant à se prêter à des expériences qui lui feraient recouvrir la parole. »

Plusieurs personnes se présentèrent. Il leur fit comprendre qu'il les traiterait par l'hypnotisme, et fit des essais pour se rendre compte de leurs aptitudes à subir les effets hypnotiques.

Son choix s'arrêta sur un homme qui lui parut être un excellent sujet à expériences, et il lui demanda de revenir le lendemain.

En effet, le lendemain à heure fixe, cet homme se présenta chez le docteur. Celui-ci, en l'honneur de la solennité de sa nouvelle expérience, avait convié de nombreux amis. On fit donc les préparatifs nécessaires et le médecin commença à endormir son sujet. Ensuite il lui commanda différents actes que le magnétisé exécuta docilement. Le docteur le fit asseoir sur une chaise, le regarda fixement et dit :

— Maintenant parlez, je le veux, dites ce qu'il vous plaira, mais parlez !

Le patient remua les mâchoires et l'on en-

— Oh ! comme cet homme m'ennuie ; si cela continue je partirai.

Le docteur resta stupéfait.

— Insolent ! cria-t-il hors de lui, je vous rends la parole et c'est là tout votre remerciement. Allez, je ne veux plus vous revoir !... Réveillez-vous et sortez !

Le sujet ouvrit les yeux, ne comprit rien à la colère du médecin, mais obéissant à l'ordre donné, il se retira. La porte à peine refermée, on entendit une voix venant du dehors qui disait :

— Enfin, me voici débarrassé de ce méchant docteur !

Le magnétiseur furieux voulut poursuivre son sujet, et l'on eut grand'peine à le retenir et le calmer. Pendant ce temps, deux de ses invités s'amusaient fort, et l'un d'eux dit à l'autre :

— Ce pauvre docteur est loin de se douter que tout ceci est une farce de ventriloque, et si nous ne parvenons à l'en convaincre, il ne pardonnera jamais à ce pauvre muet.

Plus tard ce médecin convaincu de la réussite de son expérience, a écrit un livre intitulé : *L'Art de donner la parole aux muets*. Ce livre, qui a été édité un bon nombre de fois, fera peut-être passer à la postérité le nom de son auteur.

Dans une foire de province, un rassemblement est formé. Des paysans, dans l'attente d'une représentation, entourent un ours et son montreur, un Espagnol. Celui-ci se décide enfin, salue le public qui se presse autour de lui, et tout en débitant un boniment extraordinaire, il commande à l'animal de se mettre au port d'armes, puis par un geste il lui ordonne de danser. L'Espagnol brandissant un bâton marquait la mesure et exécutait des pas fantaisistes et des pirouettes que Maître Martin imitait de son mieux, à la grande joie des spectateurs.

Un artiste de passage, attiré par la foule, s'était approché à son tour et paraissait s'amuser beaucoup. Mais ce qui l'intéressait, ce n'était pas la danse de l'ours, auquel il prêtait fort peu d'attention. La vue de toutes ces faces hilares, convulsées par le rire, semblait le captiver bien davantage. Jugeant ce public suffisamment naïf et crédule, l'idée lui vint de le mystifier.

Notre artiste joignait à ses divers talents celui de ventriloque ; il trouva l'occasion favorable pour utiliser son savoir. Dans ce but il se glissa au premier rang, se plaça devant l'animal, l'examina avec attention, puis profitant d'un intermède entre les exercices, s'approcha du saltimbanque et lui demanda d'un air parfaitement naturel :

— Votre ours parle sans doute ?

L'Espagnol le regarda étonné, haussa les épaules et répondit :

— Doumande loui, tou le verras bien.

L'artiste se tourna vers l'ours et parlant assez

haut pour être entendu de tout le monde, il lui dit :

— Mon garçon, tu danses avec une légèreté incroyable, vraiment tu ne ferais pas mauvaise figure dans un ballet d'opéra. De quel pays es-tu ?

Aussitôt une voix semblant sortir de la gorge du pesant animal, répondit :

— Des montagnes des Pyrénées.

On juge de la stupeur et du saisissement de la foule. La plupart de ces paysans superstitieux crurent à une intervention diabolique. L'effroi se peignit sur tous les visages, les yeux s'ouvrirent démesurément. L'artiste contempla ce spectacle une seconde, parut satisfait et regretta certainement de ne pouvoir prendre un instantané de toutes ces physionomies que l'effarement rendait grotesques. Se tournant vers le montreur qui lui souriait avec un air de complicité, il lui dit :

— Vous avez entendu ? je savais bien que votre ours parlait.

Puis il reprit sa conversation avec Martin.

— Tu as l'air de t'ennuyer, lui dit-il, ton métier ne te plaît donc pas.

— Non, reprit la grosse voix, je voudrais retourner dans mes montagnes.

— Y a-t-il longtemps que tu voyages ?

— Trop longtemps, j'en suis fatigué.

— Ton maître n'est-il pas bon pour toi ?

— Bon ! A sa manière ; j'en reçois plus de coups de bâton que de morceaux de pain.

— Vraiment ! Et quand il te bat ainsi, n'as-tu pas envie de te venger ?

— Oh oui ! Mais un de ces matins je le mangerai aussi facilement qu'un de ces trognons de choux, dont il me nourrit.

Ces paroles mirent le comble à la panique, un long frémissement courut parmi les badauds qui se retirèrent prudemment, avant que le saltimbanque, qui lui n'avait pas perdu la tête, ait pu faire appel à la générosité. Cette désertion subite ne faisait pas son affaire ; pourtant il en prit son parti avec assez d'indifférence. Il ne perdit pas de vue l'artiste qui s'éloignait aussi, et ne tarda pas à le rejoindre. Celui-ci crut qu'il venait lui demander raison de sa plaisanterie, mais l'attitude aimable de l'Espagnol le rassura tout de suite. Quel ne fut pas son étonnement quand cet homme lui dit qu'il avait apprécié son rare talent de ventriloque et qu'il venait lui proposer de s'associer avec lui pour l'exhibition de Martin. L'affaire serait excellente, en faisant d'habiles boniments, en annonçant une des merveilles de l'univers : « L'Ours parleur ! » et surtout en faisant payer les places d'avance.

L'artiste l'écoutait, retenant avec peine les protestations d'un orgueil révolté.

— Montreur d'ours ! y pensez-vous, mais pour qui me prenez-vous donc ?

Il fit un demi-tour sur lui-même et disparut.

Caruso, le célèbre ténor, outre son admirable talent de chanteur, possède celui de ventriloque. Il a raconté lui-même une aventure dont il fut le héros involontaire.

— C'était dans le château d'un millionnaire de New-York, sur les rives de l'Hudson ; on m'avait offert un dîner d'adieu de seize couverts. Après le repas, les invités se trouvant réunis dans le jardin, on me demanda de donner une preuve de mon talent de ventriloque. Je n'étais guère disposé ; néanmoins je m'approchai d'un arbre et me mis à crier en regardant en haut :

— Allô ! Qui est là-haut ?

A ma profonde stupéfaction, une voix grêle et flûtée répondit :

— C'est moi ! je suis à regarder la « noble assistance. »

Je repris :

— Et qui vous a permis de nous épier ainsi ?

La voix répondit :

— C'est le second valet de chambre, il est mon cousin.

J'ajoutai :

— C'est bien, restez là-haut ; mais ayez soin de ne point vous laisser choir sur la « noble assistance », et prenez garde surtout que personne ne puisse vous apercevoir.

— Entendu, monsieur !

Je revins alors au milieu du cercle des invités et l'on me fit un succès énorme, chacun

s'imaginant que j'avais répondu moi-même à
mes propres questions avec ma voix de ventriloque. Caruso lui-même affirme que depuis
cette aventure, il cultiva toujours la ventriloquie.

La place des Quinconces, à Bordeaux, est le
rendez-vous habituel des artistes de plein air.
Or, à cet endroit, j'ai pu admirer plusieurs
fois le talent d'un vieux bateleur, que l'on a
surnommé « Polyte ». Pour attirer autour de
lui un assez grand nombre de spectateurs, il
emploie un moyen fort simple, toujours le
même, et qui réussit fort bien. Après force
gestes, il place devant lui un coffre de bois. Puis
débitant un boniment émaillé de calembours
inattendus, dont la nouveauté amuse toujours
les auditeurs, il fait quelques tours avec les
poids, et quand il a fini il se prépare à faire
la quête. Mais à la vue de l'escarcelle qui va
lui être présentée, le public s'esquive prestement. Mais notre homme semble prendre assez
gaiement la chose et regarde tranquillement ses
spectateurs courir à d'autres représentations.
Ses collègues voulant à leur tour faire la quête,
le même mouvement de recul se produit. Polyte
réunit rapidement ses mains en porte-voix et
crie :

— Ha !... ha !... Attention, nous allons le
montrer ! A cette séance nous vous montrerons
la tête, mais rien que la tête.

Prenant un bâton, il en frappe la caisse qui est à ses pieds, en disant :

— Eh bien, mon ami, est-tu décidé à te montrer ?

N'obtenant pas de réponse, il continue son discours pendant quelques instants, puis regardant autour de lui et se voyant suffisamment entouré, il annonce :

« Mesdames, Messieurs,

« Je vais avoir l'honneur de vous présenter à cette séance l'homme le plus petit du monde. Il est si petit qu'il faut un microscope pour le voir. Mais comme je suppose que beaucoup d'entre vous n'en portent pas sur eux, au lieu de vous le faire voir, je vous le ferai entendre. Mais ce phénomène exigeant un cachet énorme, je dois me faire payer d'avance. Je fixe le prix de la séance à 2 francs. »

La somme demandée obtenue il commence :

— Eh là-bas, la maison ?

Une voix semblant venir d'une grande profondeur, répond :

— Que me veux-tu ?

— Veux-tu boire un verre ?

— Avec plaisir !

— Mais non ! imbécile, avec de l'argent.

— Comme tu voudras.

— Ah ! oui ! mais je n'ai que l'argent de ton cachet, il faut maintenant demander pour boire.

— C'est cela, tu as raison.

Et « Polyte » voit des gros sous pleuvoir autour de lui, demandant toujours davantage à ses spectateurs qui ne se lassent jamais de ses exigences.

A une époque assez éloignée déjà, nous nous souvenons avoir vu, dans un dîner où nous fûmes invité, un convive jouer une petite scène avec un talent vraiment remarquable, et qu'envieraient certainement bon nombre de professionnels. Voici les faits. La fin du repas étant arrivée, chacun faisait montre de son talent. Les uns chantaient, d'autres monologuaient ou jouaient de différents instruments. Mais quand vint le tour de notre ventriloque, il répondit qu'il ne savait ni chanter, ni réciter, ni jouer d'aucun instrument, mais pouvait nous donner l'illusion de jouer parfaitement de chacun d'eux. Puis, ayant demandé le consentement de l'assistance, il commença par imiter la clarinette. Déclarer que cette imitation était bien rendue serait peu dire, car elle était vraiment parfaite. Puis il se mit au piano et, aidé de sa voix et de quelques accords, il rendit exactement les chants du prêtre à la grand'messe, les réponses du servant, avec accompagnement d'orgue. Ensuite ce fut le chant de différents oiseaux, le sifflet du train à son départ, la locomotive qui se met en marche, etc. Le succès qu'il obtint fut digne de son talent. Mais notre admiration fut plus grande encore dans la scène suivante : Jean, le maître d'hôtel, venait de recevoir l'ordre d'aller chercher du champagne à la cave. Quelques instants s'écoulèrent. Soudain notre artiste se lève et se dirige vers la cave.

— Jean ! appela-t-il,

— Que voulez-vous ? demande une voix profonde.

— Tu monteras une bouteille de plus.

— Oui, Monsieur.

— Et dépêche-toi, car tu mets beaucoup de temps.

Après un instant de silence, il reprit :

— Ma parole d'honneur ! On dirait qu'il boit le champagne ; écoutez plutôt.

Tout le monde obéit. Et l'on entendit fort bien le bruit d'une bouteille de champagne que l'on débouche, le liquide versé dans un verre.

La ventriloquie peut parfois servir à l'accomplissement d'actes héroïques, comme le prouve l'histoire suivante.

Au temps des guerres du Premier Empire, un jeune soldat s'approche de son capitaine et lui dit en esquissant le salut militaire : « Les ennemis sont campés en face de nous, à deux kilomètres, je veux essayer de surprendre leurs manœuvres. »

Il se rend au camp ennemi, et à la faveur de la nuit, peut gagner la tente de l'état-major. Caché derrière un amas de toiles, il écoute la conversation des officiers. Soudain, un d'entre-eux s'approche de la cachette. Craignant d'être découvert, notre jeune soldat se souvenant de son talent de ventriloque, crie d'une voix semblant venir du dehors :

— Aux armes ! voici l'ennemi !

En un instant, la tente est vide. Le jeune homme cherche à s'enfuir tout en évitant d'être vu de la sentinelle, mais celle-ci l'aperçoit, et fait feu, ne causant qu'une légère éraflure à la joue du brave enfant. Le lendemain, grâce à cette ruse, l'ennemi subit de grosses pertes, et les Français comptèrent une victoire de plus.

Voici une autre anecdote dont le héros, beaucoup moins intéressant, avait mis son talent au service de la fraude. Les douaniers de la frontière franco-belge voyaient passer chaque jour une automobile se dirigeant vers Tourcoing. La machine était conduite par un monsieur à barbe blanche, d'allure très correcte, et portant un costume de chauffeur. Près de lui se tenait assise une fillette de 14 ou 15 ans, chaudement couverte d'un manteau très ample, et dont le visage était toujours caché par une épaisse voilette. La voiture s'arrêtait chaque jour à la douane. Oh ! les douaniers voyaient bien que dans cette légère machine, on n'emportait en fraude aucun produit défendu. Ils saluaient la fillette d'un sourire amical et faisaient un signe. « Vous pouvez partir ! » Le vieux monsieur disait alors :

— Tiens-toi bien, Georgette, nous partons.

— Oui, papa, répondait une petite voix douce et flûtée.

Un jour la voiture s'étant arrêtée comme d'ordinaire, un inspecteur s'approcha et dit, en désignant Georgette : « Enlevez-moi ça ! » Et comme les employés hésitaient, indignés d'entendre parler ainsi d'une aussi charmante enfant, l'inspecteur saisit le bras de la petite fille et, péniblement, la descendit à terre. Les douaniers s'aperçurent alors avec stupeur que ce qu'ils avaient pris pour une fillette n'était autre qu'un mannequin rempli de tabac, d'alcool et de dentelles. Quant au vieux monsieur, dépouillé de sa barbe postiche, il fut reconnu pour un contrebandier, condamné plusieurs fois déjà et qui appliquait à son coupable commerce, un remarquable talent de ventriloque.

∞

Il y a quelque temps déjà un des grands hôtels qui avoisinent la gare Saint-Lazare a été mis en émoi par une singulière aventure. Depuis un mois environ, un étranger aux allures excentriques habitait seul un appartement situé au premier étage de l'hôtel, et composé d'un salon et d'une chambre à coucher.

Bien que l'on n'eût jamais vu entrer de visiteur dans l'appartement du voyageur, le personnel entendait assez fréquemment de violentes discussions, qui paraissaient avoir lieu entre le locataire et deux autres personnes. On distinguait parfaitement la voix d'une femme et celle d'un jeune enfant. Dans un angle de la chambre à coucher, une malle de grandes dimensions, fermée par deux serrures, avait été déposée. Sur les côtés de la malle, étaient disposées des bandes de toile, scellées par des cachets de cire. Le voyageur avait particulièrement recommandé de ne pas toucher à ce coffre.

Un soir, après s'être fait apporter son repas dans sa chambre, le voyageur avait donné ordre aux garçons de l'hôtel de ne laisser monter personne chez lui ; il voulait, disait-il, se mettre au lit immédiatement après avoir dîné.

Vers six heures, on entendait de nouveau le bruit d'une discussion, les meubles étaient violemment bousculés. Le tapage augmentait, les garçons s'approchèrent de la porte et prêtèrent l'oreille. Ils entendirent la chute d'un corps qui s'affaissait sur le sol et des cris :

— Au secours ! il m'a tuée !... Le misérable !... De l'air, je meurs ! qui semblaient poussés par une femme.

Ils prévinrent immédiatement le gérant de l'hôtel, qui fut d'avis d'ouvrir la porte de l'appartement ; mais, au moment où un garçon plaçait la clef dans la serrure, un verrou était tiré à l'intérieur, et le voyageur s'écriait d'une voix courroucée :

— Laissez-moi donc, tranquille ! mêlez-vous de vos affaires; ce qui se passe ici ne vous regarde pas.

Comme le gérant de l'hôtel intervenait personnellement, disant que si on ne lui ouvrait pas la porte il allait quérir la police, l'homme reprit :

— Je vous prie de me laisser en paix, je n'ai aucun compte à vous rendre et je suis maître chez moi.

On alla prévenir des agents. Ceux-ci se rendirent au commissariat voisin. Le commissaire, suivi de son secrétaire et de ses inspecteurs, arrivèrent aussitôt :

La scène violente continuait, mais on n'entendait plus de voix de femme. C'étaient des pleurs et des cris d'enfant.

— Pardon papa ! ne me tue pas... je ne dirai rien... non !

Quelques habitants de l'hôtel étaient rassemblés, anxieux, devant l'appartement. La première sommation étant restée sans effet, le commissaire ordonna d'enfoncer la porte. Mais le voyageur se décida à ouvrir lui-même.

— Je ne sais ce que vous voulez, messieurs, dit-il, je crois être le maître chez moi, et ne comprends pas ce qui me vaut l'honneur de votre visite.

— Emparez-vous de cet homme, ordonna le commissaire

Et tandis que les inspecteurs obéissaient au commandement, chacun se précipita dans la chambre à coucher. Les meubles étaient pour la plupart renversés, et témoignaient d'une lutte violente ; la malle mystérieuse avait été transportée dans le salon. On entendait à travers les parois des cris étouffés et des coups frappés d'une façon désespérée.

De l'armoire à glace, située dans la chambre à coucher, sortaient des cris :

— Maman ! Maman ! pardon !... grâce papa, je ne dirai rien !

On s'approcha de la malle, mais il n'en sortait plus aucun bruit. Elle était toujours fermée de la même façon ; les cachets de cire remarqués par les garçons d'hôtel étaient toujours en place.

— Qu'y a-t-il dans cette malle ? interrogea le commissaire.

— Mais absolument rien qui vous intéresse, répondit le voyageur. Je vous ai déjà déclaré que je ne comprenais rien à votre intervention. Je n'ai commis aucun crime, et je crois être maître chez moi.

Le commissaire fit apporter la malle dans la chambre à coucher. Alors le bruit venant de l'armoire à glace recommença de plus belle. Une voix enfantine disait :

— Ouvre-moi, papa, je serai bien sage... je ne dirai rien.

Le commissaire se dirigea vers l'armoire pour en ouvrir la porte, mais la clef était enlevée.

— Donnez-moi la clef de ce meuble, monsieur, dit-il.

Et tandis que le voyageur fouillait dans ses vêtements, des appels se faisaient de nouveau entendre dans la malle.

— J'étouffe !... je meurs !... ouvrez-moi, de grâce ouvrez !...

Les inspecteurs de police se précipitèrent à leur tour sur la malle, arrachèrent les bandes scellées, et tentèrent de faire sauter les serrures.

— Pas si fort !... mais ouvrez vite, je meurs ! criait la voix de femme.

On parvint enfin à briser le couvercle ; mais on se trouva en présence d'une autre malle également scellée et fermée par des fortes serrures.

Pendant ce temps, le commissaire était parvenu à ouvrir l'armoire. Il aperçut couché sur un des rayons un enfant paraissant âgé de trois à quatre ans et, fort ému, il le prit dans ses bras. Mais l'enfant lui dit :

— Je vous remercie bien, monsieur. Il ne fallait pas vous donner tant de peine. Mon papa est ventriloque, et je suis un enfant en carton.

Ce voyageur mystérieux n'était autre qu'un célèbre ventriloque qui, venant de diverses villes où il était engagé dans des théâtres et cafés-concerts, s'était arrêté pour quelques jours à Paris. On prétend qu'il avait imaginé cette mystification pour se venger de la police parisienne avec laquelle il avait eu quelques difficultés pendant l'Exposition de 1900. Mais, en réalité, c'était pour obtenir une forte réclame, ou peut-être pour ces deux raisons.

En tout cas, le commissaire se retira furieux et confus, sans avoir dressé procès-verbal, et il n'a pu se consoler de sa méprise.

Voici une anecdote qui servait de réclame à Comte, le célèbre prestidigitateur et non moins célèbre ventriloque. Anecdote qu'il faisait imprimer dans les journaux de province quelques jours avant son arrivée.

Le 15 juillet 1814, à 3 heures du matin, M. Comte s'était embarqué à Lyon, avec sa famille, pour se rendre à Châlons. Les passagers ne tardèrent pas à s'endormir. Notre habile physicien s'empressa de leur jouer un tour de son métier. Il enleva à plusieurs officiers leurs montres et leurs décorations, à une fort jolie dame le portrait de son mari, qu'elle portait suspendu à son cou, au moyen d'une chaîne en or, à une vieille dévote ses heures et ses lunettes, à un prêtre sa calotte et ses boucles d'argent.

Peu à peu, chacun s'éveille.

— Voilà qui est plaisant, s'écrie la jeune dame, en regardant un jeune officier qui était à côté d'elle; je n'ai plus ni mon portrait ni ma chaîne, et pourtant je suis certaine que je les avais en entrant dans le bateau, je ne le

...tte jamais, c'est un vœu d'amour conjugal, ...je suis fidèle à mes serments.

L'officier se mit à rire à gorge déployée.

— Vous avez beau rire, monsieur l'officier, ...c'est comme cela. Il n'y a que le diable, un ...cier ou vous qui m'avez joué le tour de ...escamoter ce qu'après mon mari j'ai de plus ...er au monde.

— Parbleu! ma jolie voisine, je ne me suis ...mais cru sorcier en veillant, encore moins ...dormant; je vous crois plutôt une char-...ante fée, qui, par un passe-temps habituel ...es capricieuses personnes, m'a dérobé ma ...x d'honneur. Ainsi, trêve de badinage, dai-...ez me la rendre au plus tôt.

À ces mots, chacun s'aperçoit des vols qu'on ...a faits. Sur cela, grande rumeur. M. Comte ...gnant de se réveiller, s'informe aussitôt du ...jet de tous ces débats. À peine l'a-t-il appris ...il porte la main à l'endroit où se trouvait sa ...ontre et s'écrie qu'il est également volé. Par ...ard, le commissaire de Mâcon et des gen-...rmes se trouvaient sur la barque; il ordonne ...tous les passagers de se fouiller et de retour-...leurs poches, personne n'a aucun des objets ...s. Le commissaire, d'un ton magistral, an-...nce que le voleur, pour n'être pas pris doit, ...coup sûr, avoir jeté le produit de tous les vols ...ns l'eau.

— Au surplus, dit-il, comme nous faisons ...tie de la société embarquée et que le soupcon pourrait planer sur nous, gendarmes, vidons nos poches à notre tour.

Surprise générale, lorsqu'on reconnut que M. le commissaire avait dans ses poches le portrait et la chaîne de la dame, ainsi que la montre de M. Comte, et MM. les gendarmes le produit de tous les autres vols. Chacun était stupéfait, lorsqu'on entendit une voix plaintive appelant :

— Au secours ! accourez vite, je me noie !...

L'effroi est général, on croit que c'est le voleur. Soudain, M. Comte et le batelier se jettent à l'eau ; on entend toujours le même appel, tantôt d'un côté, tantôt de l'autre. Enfin, le patron de la barque après avoir plongé plusieurs fois, s'écrie que c'en est fait du passager. Les deux sauveteurs remontent et changent de linge. La consternation règne parmi les spectateurs de cette scène tragique, mais ils se consolent bien vite en songeant que Dieu a puni le voleur de ses méfaits. Enfin l'on arrive. Le directeur du théâtre de Mâcon, en demandant au patron M. Comte, donna la solution de ces prodiges.

Chacun en rit de bon cœur et se promit bien d'aller applaudir le lendemain l'artiste habile qui les avait tous si adroitement mystifiés.

Voici encore une autre mystification que Charles Comte se plaisait bien souvent à exécuter.

Il visitait un jour une église de campagne avec le curé et quelques notables, quand une

voix qui semblait sortir de sous les dalles
appela au secours. Il y avait tout justement
une pierre tombale à cet endroit. Le curé épou-
vanté fit appeler le fossoyeur, auquel il ordonna immédiatement de soulever la pierre ;
mais au moment où le brave homme se mettait
à l'œuvre, la voix renouvela son appel d'an-
goisse, qui, cette fois, venait de la sacristie. On
y courut. Pas de doute, c'était là que se trouvait le malheureux ressuscité. Le fossoyeur
attaqua vigoureusement les dalles, et quand il
les eut soulevées, les cris les plus effrayants
recommencèrent du côté de l'église. Retour ef-
faré de tout le groupe au premier endroit. La
terreur du curé était à son comble. Un éclat
de rire que Comte ne put réprimer, le trahit,
et faillit lui attirer un mauvais parti. Mais il
eut le temps de s'évader et de se soustraire à
la fureur des mystifiés.

Charles Comte renouvela fréquemment de pa-
reilles scènes dans les villes où il passait, mais
parfois, il courut de véritables dangers. A Fri-
bourg, des paysans l'accusèrent de sorcellerie
et voulurent le brûler vif dans un four à
chaux. Soudain une voix formidable sortit de
ce four et mit les agresseurs en fuite.

SCÈNES DE VENTRILOQUIE

Afin d'être utiles aux débutants qui désire-
raient éprouver leur talent, nous donnerons ici
quelques scènes pouvant se jouer facilement.
Quelque temps d'étude et un peu d'attention
permettront d'arriver d'une façon rapide à un
bon résultat.

Les deux fiancés

Cette scène se joue sans aucun accessoire, et
malgré cela, par une disposition que nous indiquerons plus loin, on doit donner au public l'illusion qu'il voit et entend deux personnages.

Le ventriloque entre et se dirige vers une
porte qui est bien en vue des spectateurs.

VENTRILOQUE. — Ah, mon Dieu ! pourvu que
je ne sois pas en retard ! (*Il tire sa montre et
regarde l'heure*). Non ! mais j'arrive à temps.
(*Il se dirige vers la porte et frappe*).

UNE VOIX VENANT DE L'INTÉRIEUR. — Entrez !

VENTRILOQUE. — Ouvrez-moi, je vous en
prie, je ne peux y parvenir. (*En effet, il fait*

des efforts pour ouvrir la porte et n'y réussit pas).

On ouvre de l'intérieur, c'est lui-même qui a ouvert.

Enfin ! ma chère, je vous vois, je croyais que votre porte m'était fermée à jamais. J'espère bien que vous n'êtes plus fâchée de la petite taquinerie que je vous ai faite l'autre jour ?

Fig. 20. — « Tout est oublié, Monsieur Gaston, je veux vous en donner la preuve ».

Une voix de jeune femme. — Du tout, Monsieur Gaston, tout est oublié et pardonné, je veux vous en donner la preuve. (*On voit un bras qui entoure le cou du ventriloque, et on entend un bruit de baisers*).

Ventriloque. — Preuve charmante, et que je serais bien heureux d'avoir souvent, très souvent.

Vous êtes toujours aussi délicieuse.

La voix. — Et vous, toujours aussi aimable. Mais vous restez à la porte ? Pourquoi n'entrez-vous pas ?

Ventriloque. — C'est que je suis pressé, je n'avais qu'une minute de libre et je vous l'ai consacrée. Mais je vous promets de passer la soirée avec vous demain.

La voix. — Oh, comme c'est mal d'être ainsi pressé, lorsqu'on vient rendre visite à sa fiancée. Enfin, j'ai votre promesse pour demain. Surtout ne vous mettez pas en retard. (*On voit le bras qui passe autour du cou du ventriloque*).

Ventriloque. — Non, non, craignez plutôt le contraire ! Au revoir, Mademoiselle Jeanne.

La voix. — Au revoir, Monsieur Gaston.

Voici l'explication du bras qui entoure le cou du ventriloque ; elle est très simple.

Il faut pour cela se placer de façon à être vu de profil par le public, la face tournée vers la porte. On retrousse la manche du bras opposé au public et on se le passe autour du cou.

Pour que l'illusion soit complète, on doit avoir soin de cacher le coude à l'aide de la porte.

Fig. 21. — Explication du mouvement du bras.

L'Agent et le Cambrioleur

Scène comique à transformations

Accessoires : Une casquette, une blouse, un faux-nez pour le cambrioleur.

Un képi, une tunique d'agent et un second

faux-nez, un panier, d'où sort une tête de canard, dont le bec est actionné par une ficelle.

La blouse est disposée comme un tablier
d'enfant. Un ressort cousu au col la tiendra
fermée. De cette façon, on pourra l'endosser et

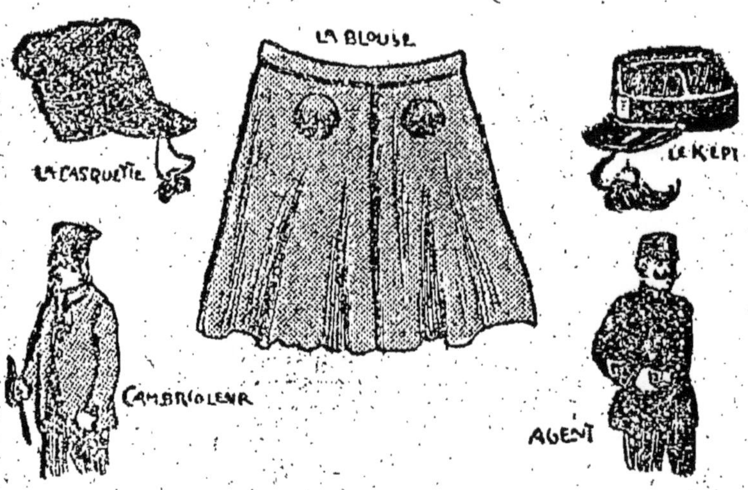

Fig. 22. — Accessoires pour la scène comique,
l'*Agent* et le *Cambrioleur*.

la retirer facilement ; la scène suivante demandant des transformations fréquentes et
rapides.

Le ventriloque se présente et annonce la
scène qu'il va jouer, puis il va mettre la tunique d'agent qu'il ne quitte plus. Il revêt ou
enlève simplement la blouse, suivant le personnage qu'il veut représenter.

Avec la tunique, il met le képi auquel sont

adaptés un front, un nez, et une superbe paire
de moustaches. Avec la blouse, il met la casquette qui est pourvue des mêmes accessoires
que le képi. On se placera dans un endroit situé
entre deux portes, nécessaires pour les entrées
et sorties.

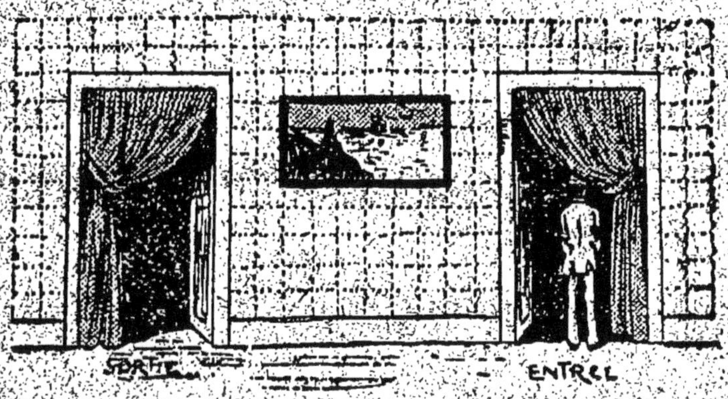

Fig. 23. — Disposition de la pièce qui servira de scène.

A défaut de cela, on se servira d'un simple
paravent. Vous vous présentez en habit, et
vous annoncez :

« Mesdames, Messieurs,

« Je vais avoir l'honneur de vous présenter
une scène de ventriloquie. Vous avez certainement dû assister à d'autres séances semblables, mais la mienne est d'un genre absolument
inédit, car elle est à transformations. Le temps

de passer au vestiaire et je commence. » (Vous entrez pour reparaître en agent).

L'AGENT. — Depuis le temps que je le cherche, je finirai, peut-être bien, par mettre la main dessus. Mais cet individu file comme un zèbre et je serai obligé de courir après lui, tant qu'il ne lui plaira pas de se laisser prendre, et il est fort probable que ce ne sera pas de si tôt.

UNE VOIX DANS LES COULISSES. — Tu as parfaitement raison, mon vieux, et ce que tu dis là est fort juste. Vois-tu, l'ami, pour avoir mon agilité, tu devrais manger moins souvent et faire comme moi le métier de cambrioleur. Après tout, ça t'irait aussi bien qu'à un autre.

L'AGENT. — Ça c'est trop fort ! on dirait la voix du cambrioleur après lequel je mène une poursuite acharnée depuis ce matin. Dites donc, l'homme, je suis l'agent Bajule, vous savez, et on ne se paie pas impunément ma tête.

LE CAMBRIOLEUR. — Tu es l'agent Bajule ? Eh bien, tant mieux pour toi, mon vieux ! Moi je suis le cambrioleur Alphonse, Fonfonse si tu préfères. Une idée, ton nom me plaît. Je voudrais m'appeler Bajule, moi aussi. Alphonse Bajule, avec un nom comme celui-là, on peut passer partout. Qu'en penses-tu ?

L'AGENT. — Oui, vous profitez de ce que je ne vous vois pas pour me lancer des injures à la face. Mais patience, j'aurai mon tour. (Il sort et reparait de l'autre côté vêtu en cam-

brioleur, il tient un panier à son bras; de ce panier sort la tête d'un canard, actionnée à l'aide de ficelles).

LE CANARD. — Couac ! couac ! couac !

LE CAMBRIOLEUR. — Veux-tu te taire, sale bête ; d'ailleurs ce que tu dis n'est pas intéressant ; qu'est-ce que c'est que ça ? Couac ! couac ! qu'est-ce que ça veut dire ?

L'AGENT. — Ça veut dire que je vous entends, et que bientôt vous direz couac ! couac ! à votre tour.

LE CAMBRIOLEUR. — Je crois qu'il est temps de s'esquiver, voilà l'agent Bajule.

L'AGENT (*entrant*). — Cette fois, je le tiens ! Mais où est-il donc passé ? Pour dépister mon adresse extraordinaire, aurait-il pris un chemin de *contournage? (Il s'approche de la sortie).* Ah non ! je le vois là-bas. (*Il sort*).

LE CAMBRIOLEUR (*chantant*):

Nous n'sommes pas des voleurs
Vraiment c'est trop bête..., bête.
Nous sommes cambrioleurs
C'est bien plus chouette... chouette.

LE CANARD. — Couac ! Couac !

LE CAMBRIOLEUR. — Qu'est-ce que tu dis, toi ? Tu n'as pas l'air de m'approuver ? Comme je ne tiens pas à entendre ton avis, voilà ! (*Il lui prend la tête et lui tord le cou, puis il le met au fond du panier).*

Le CANARD (*poussant un cri étouffé*). — Couac !

Le CAMBRIOLEUR. — Cette fois ce doit être son dernier soupir ; voyons. (*Il ouvre le panier, mais on entend de nouveau les couac ! couac ! désespérés du canard*).

Le CAMBRIOLEUR (*furieux le prend par la tête, lui tord le cou une deuxième fois, puis le replace bien au fond du panier*). — Cette fois je crois bien que je ne l'entendrai plus. (*Il se dirige vers la sortie*). J'entends des pas, il serait prudent de disparaître. (*Mais au moment où il se trouve dans l'embrasure de la porte, deux mains le saisissent aux épaules*).

L'AGENT. — Ah ! mon gaillard ! cette fois je vous tiens, vous ne m'échapperez pas !...

Le CAMBRIOLEUR a l'air de résister, mais les mains le tiennent toujours. Ce sont ses mains qu'il a croisées et qui tiennent chacune une épaule).

L'AGENT. — Allons ! pas de rouspétance, suivez-moi bien gentiment, ça vaudra mieux. Ne cherchez pas à aggraver votre cas.

Le CAMBRIOLEUR (*dignement*). — Moi ! me rendre, jamais ! (*Il est pris à la taille, par les mains qui le tenaient aux épaules, il lutte, il semble soulevé de terre, ceci s'obtient en sautant*).

L'AGENT. — Allons ! rendez-vous.

Le CAMBRIOLEUR. — Jamais !

L'AGENT. — Rendez-vous, ou sinon je vous ligotte comme un simple saucisson.

LE CAMBRIOLEUR. — Oui, oui, je me rends ! *(Il se relève et dit en tournant la tête vers le public)* : Cette fois, je crois que j'en aurai pour quelques jours.

L'AGENT. — Allons ! allons, oust ! assez de boniment, suivez-moi et vivement !

Le ventriloque sort et revient comme au commencement de la séance, se présenter à l'auditoire. S'il joue cette scène telle qu'elle est décrite, nul doute qu'il ne recueille une ample moisson de bravos.

La prière de l'enfant

Scène comique

Nous avons indiqué comment on pouvait fabriquer une figure instantanément. La scène suivante pourrait parfaitement être jouée à l'aide de cette figure, qui, comme nous l'avons expliqué précédemment, est confectionnée avec la main.

Vous vous présentez à votre auditoire de cette façon :

« Mesdames, Messieurs,

« Permettez-moi de vous présenter mon fils, que j'ai baptisé du nom de Charles. C'est comme vous pouvez le voir, un fort gentil garçon, bien sage et bien obéissant, ne parlant que lorsqu'on l'interroge, chose que je vais faire immédiatement ; vous aurez ainsi une idée de sa haute intelligence. »

VENTRILOQUE. — Charles, mon fils, tu as entendu l'éloge que j'ai fait de toi ? Tâche de t'en montrer digne.

L'ENFANT. — Oui, papa.

VENTRILOQUE. — Je dirai la prière que tu répèteras ensuite. Si tu la dis bien, le bon Dieu te récompensera plus tard, dans l'autre monde et moi immédiatement dans celui-ci, avec une bille de chocolat. C'est compris.

L'ENFANT. — Oui, papa, tu peux commencer, je t'écoute.

VENTRILOQUE. — Notre père qui êtes aux cieux...

L'ENFANT (*riant*). — Papa qui veut me faire croire qu'il est aux cieux ! mais je sais bien qu'il est là, moi.

VENTRILOQUE. — C'est la prière qui est ainsi. Répète avec moi : Notre père qui êtes aux cieux.

L'ENFANT. — Notre père qui êtes aux cieux.

VENTRILOQUE. — Que votre nom soit sanctifié.

L'ENFANT. — Que votre oignon soit incendié.

VENTRILOQUE. — Mais non ! Que votre nom soit sanctifié.

L'ENFANT. — Ah ! que votre nom soit sanctifié. C'est plus joli, mais beaucoup moins drôle.

Ventriloque. — Que votre règne arrive.

L'enfant. — Que votre araignée arrive.

Ventriloque. — Non, ce n'est pas cela. Si la fin n'est pas mieux, je ne pourrai pas te donner ta récompense. Que votre volonté soit faite.

L'enfant. — Que votre volonté soit faite surtout... (Si vous voulez que l'on me donne du chocolat).

Ventriloque. — Sur la terre comme au ciel.

L'enfant. — Pomme de terre avec du miel.

Ventriloque. — Je vais être obligé de me fâcher.

L'enfant. — Non, papa, c'est fini, je vais être sage.

Ventriloque. — Donnez-nous aujourd'hui notre pain...

L'enfant. — Avec du chocolat, car le pain c'est bien sec, un peu de chocolat ne le gâterait pas.

Ventriloque. — Notre pain... quotidien.

L'enfant. — Notre pain quotidien.

Ventriloque. — Pardonnez-nous nos offenses, comme nous les pardonnons à ceux qui nous ont offensés.

L'enfant. — Pardonnez-nous nos offenses comme nous les pardonnons à ceux qui nous ont offensés.

VENTRILOQUE. — Ne nous laissez pas succomber à la tentation.

L'ENFANT. — Ne nous laissez pas succomber à la tentation... de manger du chocolat.

VENTRILOQUE. — Oui, ta prière sera exaucée, car tu n'en auras pas.

L'ENFANT *pleure*. — Hi ! hi ! hi !

VENTRILOQUE. — Tais-toi ou j'ajoute une nouvelle punition à celle que tu viens de recevoir. Et puisque c'est ainsi, tu vas retourner à l'endroit d'où tu viens. (*Il salue*).

SÉANCES AVEC FIGURES

Nous avons contenté beaucoup de nos lecteurs en indiquant le moyen de donner des séances sans figures. Mais certains ayant fait acquisition de mannequins seraient peut-être embarrassés pour jouer une scène. Nous allons donner satisfaction à tous, en indiquant deux petites pièces d'un effet très comique.

Le nouveau domestique

PERSONNAGES :

Monsieur Aigu (mannequin).
Jean, domestique (ventriloque).

Monsieur Aigu est assis sur une chaise, il frappe sur un timbre que l'on entend sonner. (Cette figure marche seule avec des fils et des tirages qu'un aide, placé dans les coulisses, fait fonctionner).

Jean *entrant*. — Monsieur a sonné ?

Monsieur Aigu. — Oui, Jean, il y a même

assez longtemps ; vous avez fait mes commissions ?

JEAN. — Mais, Monsieur, vous ne m'avez rien commandé.

MONSIEUR AIGU. — Vous êtes donc toujours le même, vous ne changerez jamais ! Quelle tête sans cervelle, mon pauvre Jean.

JEAN. — Pourtant, monsieur, je vous assure que je suis très attentif à vos ordres.

MONSIEUR AIGU. — Mais non ; c'est toujours pareil. Avez-vous étrillé les chevaux ?

JEAN. — Monsieur veut rire ! (*Au public*). Il est un peu sourd. J'ai peigné ses faux cheveux, c'est peut-être cela qu'il appelle ses chevaux ! C'est vrai que, entre cheveux et chevaux, il n'y a pas grande différence.

MONSIEUR AIGU. — Vous me cirerez mes souliers, vous mettrez un morceau de viande dans le pot, vous donnerez 100 francs à mon propriétaire et vous recevrez 200 francs de mon ami Forton à qui j'ai, l'autre jour, prêté cette somme. Est-ce entendu ?

JEAN (*distrait*). — Oui, Monsieur.

MONSIEUR AIGU. — Aidez-moi à me lever, je m'en vais faire ma correspondance.

(*Jean aide M. Aigu à se mettre debout et le fait entrer dans les coulisses*).

JEAN. — Il faut, au moins pour une fois, que je ne me trompe pas. (*Il prend les souliers, un morceau de viande en carton peint, des brosses, du cirage et pose le tout sur la table*). Je vais commencer par cirer les souliers. (*Il prend un soulier, mais on entend frapper. Il va voir*). Monsieur, vous désirez ?

Le visiteur. — Je suis...

Jean. — Ah oui, je sais, vous êtes le propriétaire. (*Au public*). Il n'y a qu'à voir son ventre. (*Au visiteur*). Tenez, voilà 100 francs.

Le visiteur. — Mais vous !...

Jean. — Oui, oui, je sais, allez, je n'ai pas le temps de causer. Au revoir, Monsieur. Voilà comment je les expédie moi, ces oiseaux-là. Il faut que je cire les souliers tout de même. (*Tout en monologuant il prend la viande et la cire*). C'est qu'il vous ferait bien perdre votre temps à vous raconter des histoires à dormir debout. (*On entend de nouveau frapper*).

Cette fois, ce doit être M. Forton, il vient apporter l'argent du patron. Bonjour, Monsieur.

Le visiteur. — Je viens pour...

Jean. — Oui, je sais, vous êtes M. Forton ; vous apportez 200 francs.

Le visiteur. — Mais non, je suis le propriétaire.

Jean. — Mais vous êtes déjà venu, je vous ai payé.

Le visiteur. — Je suis venu ! Tu m'as payé, canaille ! Tiens, c'est moi qui me paye, en attendant que j'aille raconter la chose à ton maître.

JEAN (*revient clopin clopant*). — Allons, ce n'est pas encore aujourd'hui que je recevrai les compliments de monsieur. Pour être domestique il faut avoir une tête solide, (*se frottant la partie postérieure*) et cet endroit là aussi !

VISITE INATTENDUES

Scène comique

PERSONNAGES :

Joseph Lesourd (vieillard).
Madame Lesourd (vieille femme).
Blanc-Blanc (nègre).
Médor (chien).
Mistigri (chat).

Joseph lit un journal illustré. Mme Lesourd, nonchalamment étendue dans un fauteuil semble écouter avec attention la lecture du journal.

Mistigri près de Mme Lesourd, et Médor près de M. Lesourd. Blanc-Blanc debout derrière M. et Mme Lesourd.

Le ventriloque entre en fumant une cigarette et joue cette scène tout en continuant à fumer.

Il pose la main sur l'épaule de Joseph.

VENTRILOQUE. — Eh bien, mon vieil ami, comment cela va-t-il ?

JOSEPH, *continuant la lecture du journal et riant*). — Eh ! eh ! eh !

BLANC-BLANC, *(riant aux éclats)*. — Ouaf ! ouaf !

VENTRILOQUE. — Eh bien, tu ne me réponds pas ?

JOSEPH. — Que me veut-on ? (*Il tourne la tête et voit Blanc-Blanc derrière lui*). Comment ! c'est toi qui ose me secouer ainsi, boule de neige de ramoneur ! Je vais t'en faire autant, moi ! En attendant, voici un acompte. (*Il lui lance une gifle*).

BLANC-BLANC (*rit encore plus fort*). — Ouah! ouah !

Le ventriloque asseoit le nègre sur une autre chaise et revient à Joseph.

VENTRILOQUE. — Allons, Lesourd, regarde-moi un peu.

JOSEPH (*il tourne la tête de telle façon que sa figure se trouve face à face avec celle du ventriloque qui est juste derrière lui*). — Que me veut-on encore ? Tiens, c'est toi ! quelle surprise ! je ne t'attendais pas ; il y a bien longtemps que je ne t'ai vu.

VENTRILOQUE. — Oui ; aussi, comme l'on est heureux de se retrouver ! Embrassons-nous, cela me fera plaisir et à toi aussi peut-être. *Ils s'embrassent).*

Pourquoi riais-tu si fort à mon arrivée ?

JOSEPH. — Une histoire étonnante que j'ai lue dans ce journal... j'en ris encore !

Blanc-Blanc (*part d'un éclat de rire formidable*).

Fig. 24. — Comment se meut la tête du Nègre

Médor (*aboyant*). — Ouah ! ouah !

Mistigri. — Miaou ! Miaou !

Joseph. — Tu vois, toute la maison en est
en gaieté. Imagine-toi que... Non, lis plutôt
toi-même. (*Il montre le journal au ventriloque
et rient tous deux*).

Blanc-Blanc rit encore. Joseph, fâché, lui
donne un soufflet.

Ventriloque. — Ta femme ne dit rien, se-
rait-elle fâchée avec toi ?

Joseph. — Elle est sourde, sourde, là, un
vrai pot à qui on aurait coupé les oreilles.

VENTRILOQUE. — Présente-moi donc à elle, veux-tu ?

JOSEPH. — Oui, mais je te préviens que sa conversation n'est pas très intéressante. (*S'adressant à sa femme*). Mon ami, Monsieur Ventriloque.

MADAME LESOURD. — Enchantée, monsieur, de faire votre connaissance.

VENTRILOQUE. — Et moi très honoré, chère madame, de faire la vôtre. Il paraît que vous possédez une voix très agréable ?

MADAME LESOURD (*avec un soupir*). — Autrefois oui, mais aujourd'hui...

VENTRILOQUE. — J'aurais grand plaisir à vous entendre. Si vous y consentez ?

MADAME LESOURD (*aimablement*). — Oui, mais je réclame toute votre indulgence.

VENTRILOQUE. — Je suis assuré, Madame, que vous n'en aurez nullement besoin.

MADAME LESOURD (*sourit*). — Je vais chanter une chansonnette qui fut un de mes plus grands succès... d'autrefois. (*Elle chante*) :

> J'étais une petite Anglaise,
> Charmante, toujours à l'aise,
> Aoh ! Yes ; aoh ! yes.

Mais à peine a-t-elle commencé que l'on entend un vacarme effrayant. Médor aboie, Mistigri miaule et ils s'apprêtent à sauter l'un sur l'autre.

Blanc-Blanc rit aux éclats en ouvrant une bouche énorme.

JOSEPH. — Voilà un accompagnement imprévu. Allons ce sera pour la prochaine fois, mon vieil ami, car tu reviendras, n'est-ce pas !

VENTRILOQUE. — Oui, certes, adieu, Madame, adieu, Joseph. (*Il sort*).

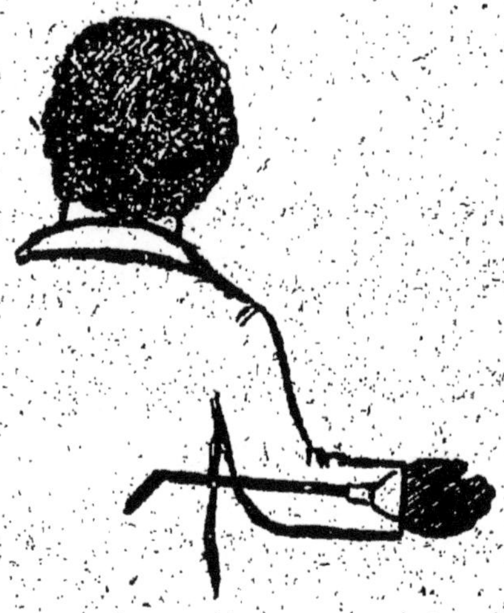

Fig. 25. — Appareil pour actionner le bras du Nègre.

Fig. 26. — Comment fume le Nègre automate.

IMITATIONS

Une des plus grandes difficultés de l'art de la ventriloquie est l'imitation vocale ou imitation de cris d'animaux ou autres bruits divers.

Certains artistes excellent à donner l'illusion du son des cloches, du cor de chasse, etc., et ont acquis, à force de travail et de patience, une virtuosité remarquable dans ce genre d'exercices.

Nous démontrerons comment on parvint à imiter les cris d'animaux, mais cela nous sera très difficile ; les plus longues explications écrites ne vaudront pas la leçon d'un professionnel. Pourtant avec de la persévérance et en suivant exactement nos instructions, l'élève arrivera certainement à un résultat satisfaisant.

Le Chien

On peut imiter l'aboiement d'un roquet, d'une façon parfaite, en aspirant et en essayant de prononcer en même temps : ouah ! ouah ! aou ! aou ! ou ! ou ! d'une façon de plus en plus faible, comme le fait un chien souffrant.

La Grenouille

On imite le coassement de la grenouille avec la gorge. En aspirant on essaye de dire : coah ! coah ! Pour donner l'illusion de plusieurs grenouilles, on produira le même son sans interruption. Si l'on a réussi à imiter le chien, on n'éprouvera aucune difficulté à imiter la grenouille.

Le Rossignol

Placez vos lèvres comme pour siffler et prononcez : iou ! iou ! u ! u ! tchi ! tchou ! tchi ! tchou ! rou ! rou ! u ! u ! L'imitation du chant du rossignol est d'une perfection absolue.

L'Ane

Quoique l'on en dise, il n'est pas possible à tout le monde de faire l'âne. Il est fort probable qu'à votre premier essai vous aurez une forte quinte de toux ; mais après plusieurs exercices vous ferez cette imitation sans aucune gêne. Ouvrez la bouche le plus grandement que vous pourrez et en aspirant prononcez : hi ! han ! hi ! han ! Pour imiter le grognement du porc, toujours en aspirant, prononcez : roh ! roh !

Le Coq

Ouvrez la bouche et aspirez fortement en chantant : coco ! rico ! En changeant de ton, vous obtiendrez le chant du jeune coq ou du vieux. Pour l'illusion du chant de la poule s'apprêtant à pondre, n'aspirez pas comme dans les imitations précédentes ; gonflez les lèvres, en prononçant : touac ! touac ! touac ! et pour imiter le petit poussin, sifflez tout doucement en prononçant : tiou ! tiou ! tiou !

La Scie

Fermez complètement la bouche. Placez l'extrémité de la langue contre les molaires de droite ; puis ouvrez légèrement le coin des lèvres qui se trouve en face de votre langue, et prononcez hui ! hui ! avec un peu d'étude et en imitant les mouvements de l'ouvrier l'illusion sera complète.

La Sirène

Placez vos lèvres comme si vous deviez siffler, que l'extrémité de votre langue se trouve en face de vos lèvres sans les toucher toutefois, et prononcez Ahou ! Ahouououououou ! sans interruption et aussi longtemps que possible.

La Messe

Il faut pour cela posséder un piano sur lequel vous plaquez quelques accords. Pour le chantre, on fait une grosse voix ; pour le curé, une voix moyenne, et pour l'enfant de chœur, une voix flûtée. On termine par un trémolo. Cette imitation est du plus haut comique.

Le Phonographe

Placez vos mains en forme de porte-voix et serrez votre nez d'une façon aussi peu apparente que possible. Articulez, en raclant fortement la gorge, quheu ! quheuheuheuheu ! puis chantez une chansonnette.

La Motocyclette

Mordez légèrement la lèvre inférieure et prononcez feut ! feut ! puis, faisant le geste de toucher la manette de départ, dites : cohi ! tfeut ! tfeut ! Il est certain que si vous ne faites que prononcer simplement ce que nous indiquons, vous ne donnerez pas l'illusion qu'attendent de vous les auditeurs. Il faut étudier longuement avant de parvenir à une imitation parfaite. Certains artistes ne craignent pas de prendre des leçons d'après nature. Les imitations que nous donnons ci-dessus sont le point de départ de toutes les autres. Quand vous serez capable de les exécuter d'une façon irréprochable, il vous sera facile d'en accomplir d'autres.

TABLE DES MATIÈRES

Grande Imprimerie de Troyes, 128, rue Thiers

EXTRAIT DU CATALOGUE

LÉGISLATION

Les Codes Complets

LE VOLUME : 0 fr. 20 ; FRANCO-POSTE : 0 fr. 30

*Les 9 volumes reliés en un seul, toile rouge, 2 fr. 50 net;
franco poste ou gare, 3 fr. 20*

Lois Usuelles

Complémentaires des Codes. — Groupées dans l'ordre
alphabétique.

Suite des LOIS USUELLES : EN PRÉPARATION

LE VOLUME : 0 fr. 20 ; FRANCO-POSTE : 0 fr. 25

*Les tomes 1 à 8 reliés en un seul, toile rouge, 2 fr. 50 net;
franco poste ou gare, 3 fr. 20*

Mêmes conditions pour les tomes 9 à 16.

*Les 2 volumes reliés (Codes et Lois) sont adressés franco en un
postal gare, contre la somme de 8 fr.*

EXTRAIT DU CATALOGUE

Chez tous les libraires : 0 fr. 20 — Franco-poste : 0 fr. 25

EXTRAIT DU CATALOGUE

ŒUVRES DE MAYNE-REID

251	Les Pirates du Mississipi.............	1 vol.
252 253	Bruin, ou les Jeunes chasseurs d'ours.	2 vol.
254	Les Chasseurs du Limpopo............	1 vol.
255 256	Gaspar le Gaucho...................	2 vol.
257 258	Les Chasseurs de scalps.............	2 vol.
259	Voyage à fond de cale...............	1 vol.
260	Les Chasseurs de plantes............	1 vol.
261	Les Grimpeurs de rochers............	1 vol.
262	Les Boërs Chasseurs d'ivoire.........	1 vol.
263	Les Vacances au désert.............	1 vol.
264	Les Chasseurs de girafes............	1 vol.
265	Le Mousse de la « Pandore ».........	1 vol.
266	Epaves de l'Océan.................	1 vol.
267	La Corde fatale...................	1 vol.
268	La Montagne-Perdue...............	1 vol.
269	La Compagnie des Francs-Rôdeurs...	1 vol.
270	A travers les Abîmes................	1 vol.
271	Le Cheval blanc des Llanos..........	1 vol.
272	La Piste de Guerre.................	1 vol.

ROMANS ÉTRANGERS

851	A. Pouchekine. — La Fille du Capitaine.	1 vol.
852 853	Ch. Dickens. — Aventures de M. Pickwick	2 vol.
854	H. Sienkiewicz. — Bartek le Victorieux.	1 vol.
855	— Une Idyle dans la Prairie.	1 vol.
856	A. Pouchekine. — Doubrovski ou le Brigand Gentilhomme.	1 vol.
	Miss Braddon. — *Le Mari de la Cléo* :	
857	Le Testament imprévu.............	1 vol.
858	Le Crime de la rue Gibber..........	1 vol.

EXTRAIT DU CATALOGUE

ROMANS D'AVENTURES

EXTRAIT DU CATALOGUE

MANUELS ET JEUX DE SOCIETE

SCIENCES OCCULTES

EXTRAIT DU CATALOGUE

ŒUVRES COMIQUES

René Blond. — *La vie de caserne en rose :*

408	Le Soldat Boustif................................	1 v.
409	Le Caporal Boustif..............................	1 v.
410	Le Sergent Boustif..............................	1 v.
416	Paul de Sémant. — Le Sergent Blache.........	1 v.
417	— Les Farces du P'tit Frick..	1 v.
418	— Ce Sacré Poilut............	1 v.
419	— Ce Sacré Foissotte.........	1 v.
420	Paul Féval fils. — Un Notaire embêté..........	1 v.
421	Théodore Cahu. — Le Régiment des hommes à poil............................	1 v.
422	— Nos farces au Régiment....	1 v.
423	— L'Amour, il n'y a que ça....	1 v.
424	Ch. Bérard. — Pour rire à deux................	1 v.
426 427	Pigault-Lebrun. — Monsieur Botte..........	2 v.
428 429	— L'homme à la pièce curieuse.	2 v.
432	Joseph Montet. — La Vie fantasque..........	1 v.
433	D. Chéri. — La vertu du Mari..................	1 v.
434	— La vertu de Madame........	1 v.
435	Ch. Bérard. — Les 6 femmes de M. Pingouin..	1 v.
436	Jean Soleil. — La Bicycliste récalcitrante......	1 v.
437	Max de Jersey. — Tertrouille au 41ᵉ d'Artillerie.	1 v.
438	— Tertrouille ordonnance.......	1 v.

ROMANS D'AVENTURES

Vincent Huet. — *Au Pays Arabe :*

501	Le Disparu.................................	1 v.
502	Les Cavernes des Hall-el-Oued..........	1 v.
503 504	G. Guitton-Le Rouge. — La Conspiration des Milliardaires......	2 v.
505 506	— A coups de milliards...........	2 v.
507 508	— Le Régiment des hypnotiseurs.	2 v.
509 510	— La Revanche du Vieux-Monde.	2 v.
511 512	Capitaine Marryat. — Le Vaisseau Fantôme	2 v.
513 514	— Le Spectre de l'Océan	2 v.

Chez tous les libraires : 0 fr. 20 — Franco-poste : 0 fr. 25

EXTRAIT DU CATALOGUE

ŒUVRES DE PAUL FÉVAL

ŒUVRES DE PAUL FÉVAL FILS

ŒUVRES DE CHARLES DE BERNARD

Chez tous les libraires : 0 fr. 20 — Franco-poste : 0 fr. 25

EXTRAIT DU CATALOGUE

ROMANS DIVERS

EXTRAIT DU CATALOGUE

PETITE BIBLIOTHÈQUE AGRICOLE PRATIQUE

Publiée sous la direction de J. Raynaud

Directeur de l'Ecole pratique d'Agriculture de Fontaines
(Saône et Loire)

Un volume broché...... 0 fr. 20
—   cartonné... 0 fr. 40
Franco poste, broché : 0 fr. 25   cartonné : 0 fr. 50

EXTRAIT DU CATALOGUE

CLOVIS HUGUES
1050 Poésies populaires.............................. 1 v.

ŒUVRES DE MOLIÈRE
1051 La jalousie du Barbouillé. — Le Médecin
    volant. — L'Etourdi....................... 1 v.
1052 Le Dépit amoureux. — Les précieuses ridi-
    cules. — Le Cocu imaginaire............. 1 v.
1053 Don Garcie. — L'Ecole des Maris........... 1 v.
1054 Les Fâcheux. — L'Ecole des Femmes........ 1 v.
1055 La critique de l'Ecole des Femmes. — L'Im-
    promptu de Versailles. — Mariage forcé.. 1 v.
1056 La Princesse d'Elide. — Don Juan.......... 1 v.
1057 L'Amour Médecin. — Le Misanthrope....... 1 v.
1058 Le Médecin malgré lui. — Le Sicilien........ 1 v.
1059 Le Tartufe................................ 1 v.
1060 Amphitryon. — Georges Dandin............. 1 v.
1061 L'Avare.................................. 1 v.
1062 M. de Pourceaugnac. - Les Amants magnifiques 1 v.
1063 Le Bourgeois gentilhomme.................. 1 v.
1064 Psyché. — Les Fourberies de Scapin......... 1 v.
1065 La comtesse d'Escarbagnas. — Les Femmes
    savantes................................ 1 v.
1066 Le Malade imaginaire. — Poésies............ 1 v.

DIDEROT
1067 1068 La Religieuse (Edition absolument complète)..... 2 v.
1069 1070 Les Bijoux indiscrets (Edit. absolument complète) 2 v.

BOCCACE
1071 à 1074 Contes galants........................ 4 v.

DUC DE ROQUELAURE
1075 à 1082 Mém. secrets, Amours, Duels, Farces. 8 v.

SCHILLER
1083 Les Brigands.............................. 1 v.

LE GÉNÉRAL LAZARE CARNOT
1084 *Don Quichotte*, poème héroï-comique et poésies. 1 v.

SAINT-JUST
1085 1086 Discours, œuvres politiques complètes.. 2 v.

Chez tous les libraires : 0 fr. 20 — Franco-poste : 0 fr. 25

CONCLUSION

Dans chaque entreprise nouvelle, l'homme a besoin d'être guidé. L'élève qui entreprend l'étude de la laryngiloquie a besoin d'être encouragé dans ses tentatives pour arriver promptement au but que d'avance il s'est assigné.

Nous avons pris soin, dans cet ouvrage, d'écarter toutes les difficultés qui pouvaient entraver les efforts de cette étude. Les exercices sont expliqués de façon à être compris de tous. En les lisant attentivement, et en les accomplissant tels qu'ils sont décrits, on est assuré du succès.

Les débuts peuvent paraître bien pénibles ; mais ne vous découragez pas, songez que bon nombre d'artistes, aujourd'hui virtuoses de la ventriloquie, ont eu comme vous des débuts difficiles ; seuls un travail persévérant et une patience à toute épreuve les ont conduits à ce résultat. Profitez de leur exemple, et comme

eux vous parviendrez à un haut degré de perfection dans un art qui ne vous procurera
désormais que satisfactions et succès. Vous
n'aurez plus qu'à vous laisser fêter et accla-
mer, obtenant ainsi la légitime récompense de
vos courageux efforts.

FIN

EXTRAIT DU CATALOGUE

MANUELS UTILES

701 702 **M. Decrespe.** — *Électricité*, applications
domestiques et industrielles............ 2 v.

703 **H. de Graffigny.** — Le jeune Electricien amateur 1 v.

704 **L. Tranchant.** — Manuel du Photogr. amateur.. 1 v.

705 **H. de Graffigny.** — Manuel du Cycliste......... 1 v.

706 **Audran.** — Traité de danse. — Cotillon......... 1 v.

707 · Traité de politesse. — Les Usages et
le Savoir-vivre..................... 1 v.

7 **M. Decrespe.** — Le petit Cycliste amateur........ 1 v.

709 **Pierre Deloche.** — Traité de pêche à la ligne... 1 v.

710 **Madame X...** — Cuisinière des petits ménages.. 1 v.

711 **E. Ducret.** — Pâtissière des petits ménages..... 1 v.

712 — Boissons et Liqueurs économiques
des petits ménages............... 1 v.

713 — Recettes économiques des petits
ménages..................... 1 v.

714 **L. Tranchant.** — Le petit Jardinier amateur... 1 v.

715 **A. Ducos du Hauron.** — Photographie des couleurs 1 v.

716 **E. Ducret.** — Le Secrétaire enfantin........... 1 v.

717 — Le Secrétaire des Cœurs aimants.. 1 v.

718 — Le Secrétaire pour tous......... 1 v.

719 **G. Albert.** — Manuel du Pâtissier-Biscuitier... 1 v.

720 **E. Ducret.** — Manuel complet de Cuisine...... 1 v.

721 **J. Quillon.** — Manuel de Gymnastique......... 1 v.

722 **H. de Graffigny.** — Manuel pratique du Conduc-
teur d'Automobiles..................... 1 v.

723 **Ch. Lafont.** — Le Livre d'or des Ménages...... 1 v.

9 782019 959579